A essência da filosofia

Coleção Textos Filosóficos

- *O ser e o nada – Ensaio de ontologia fenomenológica*
Jean-Paul Sartre
- *O princípio vida – Fundamentos para uma biologia filosófica*
Hans Jonas
- *Sobre a potencialidade da alma – De Quantitate Animae*
Santo Agostinho
- *No fundo das aparências*
Michel Maffesoli
- *Elogio da razão sensível*
Michel Maffesoli
- *Entre nós – Ensaios sobre a alteridade*
Emmanuel Lévinas
- *O ente e a essência*
Tomás de Aquino
- *Immanuel Kant – Textos seletos*
Immanuel Kant
- *Seis estudos sobre "Ser e tempo"*
Ernildo Stein
- *O caráter oculto da saúde*
Hans-Georg Gadamer
- *Humanismo do outro homem*
Emmanuel Lévinas
- *O acaso e a necessidade – Ensaio sobre a filosofia natural da biologia moderna*
Jacques Monod
- *O que é isto – a filosofia? – Identidade e diferença*
Martin Heidegger
- *A essência do cristianismo*
Ludwig Feuerbach
- *Ensaios de Francis Bacon*
Francis Bacon
- *Metafísica de Aristóteles Θ 1-3 – Sobre a essência e a realidade da força*
Martin Heidegger
- *Oposicionalidade – O elemento hermenêutico e a filosofia*
Günter Figal
- *Assim falava Zaratustra*
Friedrich Nietzsche
- *Hermenêutica em retrospectiva – Vol. I: Heidegger em retrospectiva*
Hans-Georg Gadamer
- *Hermenêutica em retrospectiva – Vol. II: A virada hermenêutica*
Hans-Georg Gadamer
- *Hermenêutica em retrospectiva – Vol. III: Hermenêutica e a filosofia prática*
Hans-Georg Gadamer
- *Hermenêutica em retrospectiva – Vol. IV: A posição da filosofia na sociedade*
Hans-Georg Gadamer
- *Hermenêutica em retrospectiva – Vol. V: Encontros filosóficos*
Hans-Georg Gadamer
- *Aurora – Reflexões sobre os preconceitos morais*
Friedrich Nietzsche
- *Migalhas filosóficas ou um bocadinho de filosofia de João Clímacus*
Søren Kierkegaard
- *Sobre a reprodução*
Louis Althusser
- *De Deus que vem à ideia*
Emmanuel Lévinas
- *Discurso sobre o método*
René Descartes
- *Estudos de moral moderna*
Karl-Otto Apel

- *Hermenêutica e ideologias*
Paul Ricoeur
- *Outramente – Leitura do livro* Autrement que'être ou au-delà de l'essence, *de Emmanuel Lévinas*
Paul Ricoeur
- *Marcas do caminho*
Martin Heidegger
- *Lições sobre ética*
Ernst Tugendhat
- *Além do bem e do mal – Prelúdio de uma filosofia do futuro*
Friedrich Nietzsche
- *A lógica das ciências sociais*
Jürgen Habermas
- *Hermenêutica em retrospectiva – Vol. único*
Hans-Georg Gadamer
- *Na escola da fenomenologia*
Paul Ricoeur
- *Preleções sobre a essência da religião*
Ludwig Feuerbach
- *História da filosofia, de Tomás de Aquino a Kant*
Martin Heidegger
- *A genealogia da moral*
Friedrich Nietzsche
- *Meditação*
Martin Heidegger
- *O existencialismo é um humanismo*
Jean-Paul Sartre
- *Matéria, espírito e criação – Dados cosmológicos e conjecturas cosmogônicas*
Hans Jonas
- *Vontade de potência*
Friedrich Nietzsche
- *Escritos políticos de Santo Tomás de Aquino*
Santo Tomás de Aquino
- *Interpretações fenomenológicas sobre Aristóteles – Introdução à pesquisa fenomenológica*
Martin Heidegger
- *Hegel – Husserl – Heidegger*
Hans-Georg Gadamer
- *Os problemas fundamentais da fenomenologia*
Martin Heidegger
- *Ontologia (Hermenêutica da faticidade)*
Martin Heidegger
- *A transcendência do Ego – Esboço de uma descrição fenomenológica*
Jean-Paul Sartre
- *Sobre a vida feliz*
Santo Agostinho
- *Contra os acadêmicos*
Santo Agostinho
- *Crepúsculo dos ídolos ou Como se filosofa com o martelo*
Friedrich Nietzsche
- *Nietzsche – Seminários de 1937 e 1944*
Martin Heidegger
- *A essência da filosofia*
Wilhelm Dilthey

Wilhelm Dilthey

A essência da filosofia

Tradução de Marco Antônio Casanova

Petrópolis

Título do original alemão: *Das Wesen der Philosophie*.
Editado por Manfred Riedel.
A partir da edição de 1984 de Philipp Reclam jun. GmbH & Co., Stuttgart.

© desta tradução:
2014, Editora Vozes Ltda.
Rua Frei Luís, 100
25689 - 900 Petrópolis, RJ
www.vozes.com.br
Brasil

Todos os direitos reservados. Nenhuma parte desta obra poderá ser reproduzida ou transmitida por qualquer forma e/ou quaisquer meios (eletrônico ou mecânico, incluindo fotocópia e gravação) ou arquivada em qualquer sistema ou banco de dados sem permissão escrita da editora.

Diretor editorial
Frei Antônio Moser

Editores
Aline dos Santos Carneiro
José Maria da Silva
Lídio Peretti
Marilac Loraine Oleniki

Secretário executivo
João Batista Kreuch

Editoração: Gleisse Dias dos Reis Chies
Diagramação: Sheilandre Desenv. Gráfico
Capa: André Esch

ISBN 978-85-326-4899-0 (edição brasileira)
ISBN 3-15-008227-7 (edição alemã)

Dados Internacionais de Catalogação na Publicação (CIP)
(Câmara Brasileira do Livro, SP, Brasil)

Dilthey, Wilhelm, 1833-1911.
   A essência da filosofia / Wilhelm Dilthey ;
tradução de Marco Antônio Casanova. –
Petrópolis, RJ : Vozes, 2014. – (Coleção Textos
Filosóficos)
   Título original : Das Wesen der Philosophie
   Bibliografia.
   ISBN 978-85-326-4899-0
   1. Filosofia I. Título. II. Série.

14-09770   CDD-101

Índices para catálogo sistemático:
1. Filosofia : Teoria   101

Editado conforme o novo acordo ortográfico.

Este livro foi composto e impresso pela Editora Vozes Ltda.

Sumário

Introdução, 7

Primeira Parte – **Procedimento histórico para a determinação da essência da filosofia**, 17

Segunda Parte – **A essência da filosofia compreendida a partir de sua posição no mundo espiritual**, 51

Consideração final sobre a impossibilidade da posição metafísica do conhecimento, 108

Ideia fundamental de minha filosofia, 137

O progresso passando por Kant, 140

Vida e conhecimento, 143

Sobre os textos, 185

Referências, 187

Introdução

Os métodos de determinação da essência da filosofia. Nós estamos acostumados a resumir certos produtos espirituais, que surgiram no curso da história nas nações diversas em um grande número, sob a representação universal da filosofia. Quando expressamos, então, o elemento comum nesses estados de fato designados como filosofia ou como filosóficos pela terminologia em uma fórmula abstrata, então surge o conceito de filosofia. A mais extrema consumação desse conceito seria alcançada se ele levasse a uma apresentação adequada a essência da filosofia. Tal conceito essencial exprimiria a lei de formação, que é efetiva no surgimento de cada sistema filosófico particular, e as relações de parentesco entre os fatos particulares a ele subordinados dar-se-iam a partir dele.

A tarefa. Uma solução dessa tarefa ideal só é possível se pressupusermos que, naquilo que designamos com o nome filosofia ou com o adjetivo filosófico, estiver realmente contido tal estado de coisas geral: de tal modo que uma lei de formação atuaria em todos esses casos particulares e, assim, um nexo interno abarcaria toda a região dessa denominação. E todas as vezes em que se fala de essência da filosofia, essa é a suposição. Com o nome filosofia tem-se em vista, então, um objeto universal; por detrás dos fatos particulares é pressuposto um nexo espiritual, como fundamento uno e necessário dos fatos particulares empíricos da filosofia, como regra de suas transformações e como princípio de ordenação, que articula sua multiplicidade.

Pode-se falar, então, nesse entendimento exato, de uma essência da filosofia? Isto não é de maneira alguma autoevidente. O nome filosofia ou o adjetivo filosófico têm tantos significados diversos de acordo com o tempo e o lugar, e, assim como esses significados são diversos, também o são os construtos espirituais, que foram designados pelos autores com esse nome, de tal modo que poderia parecer que os diversos tempos teriam enlaçado em construções espirituais sempre diferentes a bela palavra cunhada pelos gregos, a palavra filosofia. Pois uns compreendem por filosofia a fundamentação das ciências particulares; outros ampliam esse conceito da filosofia, na medida em que acrescentam a tal fundamentação a tarefa de, a partir dela, deduzir o nexo das ciências particulares; ou pode acontecer de a filosofia ser restrita ao nexo das ciências particulares, e, então, uma vez mais, a filosofia é definida como a ciência do espírito (a ciência humana), a ciência da experiência interior; por fim, compreende-se por ela também o entendimento sobre a condução da vida ou a ciência dos valores universalmente válidos. Onde está o laço interior, que articula concepções de ordem tão diversa do conceito de filosofia, figuras tão múltiplas dessas concepções umas com as outras – onde está a essência una da filosofia? Se tal laço não puder ser encontrado, então estamos lidando apenas com realizações diversas, que vieram à tona sob condições históricas alternantes como necessidade da cultura, e que só portam uma designação comum externamente e por meio dos acasos históricos – haveria neste caso filósofos, mas nenhuma filosofia. Com isto, no entanto, a história da filosofia também não teria nenhuma unidade interna necessária. Ela abarcaria, então, sob a mão dos que a apresentassem a cada vez em particular, sempre de acordo com o conceito, que esses homens formassem dela em conexão com os seus próprios sistemas, um conteúdo sempre uma vez mais diverso e uma outra abrangência. Um deles pode apresentar essa história como o progresso em direção a uma fundamentação cada vez mais profunda das ciências particulares, um outro como a meditação progressiva do espírito sobre si mesmo,

Os diversos significados do nome como instância contrária a esse pressuposto.

Introdução

um outro como o entendimento científico crescente sobre a experiência de vida ou os valores vitais. Para decidir, então, em que medida se poderia falar sobre uma essência da filosofia, precisaríamos nos voltar das determinações conceituais dos filósofos particulares para o estado de fato histórico da própria filosofia: esse estado de fato forneceria o material para o conhecimento daquilo que a filosofia é; o resultado desse procedimento indutivo pode, então, ser compreendido de maneira mais profunda em sua legitimidade.

O método. De acordo com que método, então, a tarefa pode ser resolvida, a partir de que estado de fato histórico a essência da filosofia precisa ser determinada? Trata-se aqui de um problema metodológico mais geral das ciências humanas. Os sujeitos de todos os enunciados nessas ciências são as unidades vitais individuais ligadas socialmente umas às outras. Essas são de início as pessoas particulares. Movimentos expressivos, palavras, ações são as manifestações dessas unidades. E a tarefa das ciências humanas é revivenciar essas manifestações e apreendê-las de maneira pensante. O nexo psíquico, que se expressa nessas manifestações, possibilita que apresentemos algo que tipicamente retorna e que levemos os momentos particulares da vida para o nexo das fases da vida e, por fim, para o nexo da unidade vital. Os indivíduos não existem, porém, isoladamente, mas estão articulados uns com os outros em famílias, associações mais coesas, nações, eras, e, finalmente, na própria humanidade. A conformidade a fins nessas organizações singulares possibilita os modos típicos de concepção nas ciências humanas. Todavia, nenhum conceito esgota o conteúdo dessas unidades individuais. Ao contrário, a multiplicidade do que é dado nessas ciências de maneira intuitiva só pode ser vivenciado, compreendido e descrito. E mesmo o seu entrelaçamento no transcurso histórico é algo singular e inesgotável para o pensar. Portanto, as formações, as sínteses do singular não são arbitrárias. Não há nenhuma dentre elas, que não seja a expressão da unidade estrutural vivenciada da vida individual e da vida comunitária. Não há nenhuma narrativa de um estado de fato simples que não busque torná-lo ao mesmo tempo compreensível, na medida em que ela o subordina a representações ou conceitos universais de realizações psíquicas; nenhum que não tenha articulado de maneira complementar aquilo que cai na percepção como singularizado com base nas representações e conceitos universais disponíveis em um nexo, tal como a vivência própria o oferece; nenhuma que não tenha unificado em algo significativo, plenamente dotado de sentido, segundo experiências atingíveis de valores vitais, valores efetivos e metas, as particularidades, escolhendo e ligando. No método das ciências humanas reside a ação alternante constante da vivência e do conceito. No revivenciar dos nexos estruturais individuais e coletivos, os conceitos das ciências humanas encontram seu preenchimento, assim como, por outro lado, o próprio revivenciar imediato, por intermédio das formas universais do pensar, é elevado ao patamar do conhecimento científico. Se essas duas funções da consciência nas ciências humanas se equivalem, então apreendemos o essencial do desenvolvimento humano. Não deve haver nenhum conceito nessa consciência que não tenha se formado junto à plenitude total da revivência histórica, nada universal que deva ser nele e que não seja expressão essencial de uma realidade histórica. Nações, eras, séries de desenvolvimentos históricos – nessas formulações não é ativada uma livre-arbitrariedade, mas, ligada com a necessidade da revivência, buscamos clarificar nelas o essencial dos homens e dos povos. Desconhece-se, de acordo com isto, completamente o interesse que o homem pensante devota ao mundo histórico, quando se considera a formação conceitual em seu âmbito apenas como um artifício para retratar e apresentar o singular tal como ele é: para além de toda cópia e estilização do factual e do singular, o pensar quer alcançar o conhecimento do essencial e necessário; ele quer compreender o nexo estrutural da vida individual e da vida social: nosso poder sobre a vida social só se estabelece até o ponto em que apreendemos e utilizamos regularidade e nexo. A forma lógica, em que tais regularidades se expressam, são proposições, cujos sujeitos são gerais como os seus predicados.

Introdução

Propriedades da classe de conceitos universais, à qual pertence o conceito de filosofia.

Entre os múltiplos conceitos universais de sujeito que servem a essa tarefa nas ciências humanas também estão tais conceitos como o de filosofia, arte, religião, direito e economia. Seu conhecimento é condicionado pelo fato de que eles não expressam apenas um estado de coisas, que ocorre em uma pluralidade de sujeitos, e, de acordo com isto, algo uniforme, universal, que se repetiria nesses sujeitos, mas ao mesmo tempo um nexo interno, no qual as diversas pessoas se acham ligadas umas às outras por meio desse estado de coisas. Assim, a expressão religião não expressa apenas um estado de fato universal, por exemplo, uma relação viva do nexo psíquico com forças invisíveis: ele aponta ao mesmo tempo para um nexo comunitário, no qual indivíduos se veem ligados com atos religiosos, e no qual eles possuem uma posição diferenciada ante as realizações religiosas. De acordo com isto, os estados de fato mostram naqueles indivíduos, aos quais a religião, a filosofia ou a arte são atribuídas, uma relação dupla: eles se encontram como o particular sob o universal, como caso sob uma regra, e eles são ao mesmo tempo articulados com um todo como partes entre si sob essa regra. O fundamento para tanto se nos revelará mais tarde a partir da intelecção da direção ambígua da formação conceitual psicológica.

A função desses conceitos universais nas ciências humanas/ciências do espírito.

A função desses conceitos universais nas ciências humanas (ciências do espírito) é uma muito significativa. Pois, nelas, a apreensão de regularidades, exatamente como nas ciências naturais, só é possível por meio do fato de nós destacarmos do tecido intrincado, com o qual o mundo humano-social-histórico se apresenta, nexos particulares, junto aos quais, então, podem ser indicadas uniformidades, uma estrutura interna e um desenvolvimento interior. Análise da realidade efetiva complexa empiricamente dada é o primeiro passo para as grandes descobertas mesmo nas ciências humanas (ciências do espírito). Vêm ao encontro dessa tarefa de início representações universais, nas quais tais nexos, cuja ocorrência a cada vez é caracterizada por traços comuns, já se encontram destacados e, assim, retirados da realidade efetiva complexa, ocorrência essa na qual eles são colocados uns ao lado dos outros. Na medida em que as demarcações são levadas a termo corretamente por meio das representações universais, os sujeitos de enunciados universais assim emergentes podem ser portadores para um círculo em si mesmo fechado de verdades frutíferas. E já nesse nível formam-se para o expresso em tais representações universais nomes como religião, arte, filosofia, ciência, economia, direito.

O pensamento científico tem, então, por sua base o esquematismo já contido nessas representações universais. Ele precisa submeter primeiro, porém, sua correção à prova. Pois é perigoso para as ciências humanas (ciências do espírito) acolher tais representações universais, uma vez que a descoberta de uniformidades e de uma divisão é independente de também se expressar nelas efetivamente um estado de fato uniforme. De acordo com isto, a meta da formação conceitual nesta região é encontrar a essência da coisa, que já estava determinada na representação universal e na denominação, e, a partir dela, corrigir a representação universal talvez falha, indeterminada, elevando-a a uma determinação inequívoca. Esta, portanto, é a tarefa, que também se coloca para nós em relação ao conceito e à essência da filosofia.

Como é, porém, que precisa ser mais detidamente determinado o procedimento, por meio do qual é possível sair da representação universal e da denominação de uma maneira segura para o conceito da coisa? A formação conceitual parece decair em um círculo. O conceito da filosofia, exatamente como o conceito da arte, da religiosidade ou do direito, só pode ser encontrado na medida em que, a partir dos estados de fato, que elas formam, são derivadas as relações entre as características que constituem o conceito. Neste caso, já se pressupõe uma decisão sobre que estados de fato preci-

> *A conclusão sobre a essência da filosofia a partir dos fenômenos particulares já pressupõe uma decisão quanto ao que precisa contar como filosofia.*

Introdução 13

sam ser designados como filosofia. Essa decisão, contudo, só pode ser levada a termo pelo pensamento, se ele já estiver de posse das características que são suficientes para fixar junto aos estados de fato o caráter da filosofia. Assim, já parece ser preciso saber o que é a filosofia, caso se comece com a formação desse conceito por fatos.

Um procedimento dedutivo está fora de questão. A questão metodológica estaria imediatamente resolvida, se esses conceitos pudessem ser derivados de verdades mais gerais: neste caso, as conclusões a partir dos estados de fato particulares teriam de servir apenas como complemento. E esta foi a opinião de muitos filósofos, antes de tudo na escola especulativa alemã. Enquanto, porém, essa escola não conseguir chegar a um acordo quanto a uma derivação universalmente válida ou conquistar o reconhecimento universal para uma intuição, ela precisará permanecer junto a conclusões que buscam encontrar a partir dos estados de fato e em direção ao método genético o estado de coisas uno – a estrutura legal genética, que se manifesta nos fenômenos da filosofia (o método comparativo). Esse procedimento precisa pressupor que, por detrás da designação pelo nome, que ocorre aí, se acha um estado de fato uno, de tal modo que o pensamento, quando parte da esfera dos fenômenos designada com o nome filosofia ou com o adjetivo filosófico, não transcorre de maneira infrutífera. E a validade desse pressuposto precisa ser colocada à prova ela mesma por meio da investigação. Ela conquista a partir dos estados de fato designados pelo nome filosofia ou pelo adjetivo filosófico um conceito essencial, e o conceito essencial precisa, então, possibilitar a explicação para a distribuição do nome entre os estados de fato. Agora, então, na esfera de tais conceitos como filosofia, religião, arte, ciência são dados em geral dois pontos de partida: o parentesco entre os estados de fato particulares e o nexo, no qual esses estados de fato se encontram ligados. E como, então, a natureza particular de cada um deles sob os conceitos universais subjetivos se torna frutífera para a diferenciação do método, oferece-se em nosso caso, além disto, a vantagem própria de que a filosofia se elevou por si mesma bem cedo à consciência de sua atividade. Assim, uma grande multiplicidade de tentativas de uma determinação conceitual, tal como nosso procedimento a almeja, está presente: elas são a expressão daquilo que os filósofos particulares, determinados por uma situação cultural dada e guiados por seus próprios sistemas, consideraram como filosofia; por isto, essas definições são abreviaturas daquilo que é característico de uma forma histórica da filosofia: abrir a visão para a dialética interna, na qual a filosofia atravessou as possibilidades de sua posição no nexo da cultura. Cada uma dessas possibilidades precisa poder se tornar frutífera para a determinação conceitual da filosofia.

O círculo que está estabelecido no procedimento da determinação conceitual da filosofia é inevitável. Existe de fato uma grande incerteza em relação aos limites, no interior dos quais o nome filosofia pode ser atribuído a certos sistemas, assim como trabalhos podem ser designados como filosóficos. Essa incerteza só pode ser superada, caso se constatem de início as determinações seguras, ainda que insuficientes, da filosofia e se alcancem a partir dessas determinações, por meio de novos modos de procedimento, outras constatações, que esgotem paulatinamente o conteúdo do conceito da filosofia. O método, portanto, não pode ser outro senão demarcar de maneira exata por meio de modos de procedimento particulares, dos quais cada um deles por si ainda não é capaz de garantir uma resolução universalmente válida e completa da tarefa, gradualmente, os traços essenciais da filosofia, circunscrevendo a abrangência dos estados de fato que caem sob ela e deduzindo finalmente a partir da vitalidade da filosofia por que restam regiões limítrofes, que não permitem uma determinação pura da abrangência. Precisamos tentar primeiro constatar um estado de coisas comum naqueles sistemas, nos quais a formação da representação universal filosofia é levada a termo para cada um deles. O outro lado, então, que o conceito oferece, a pertinência dos sistemas a um nexo, pode ser usado para colocar à prova o resultado e complementá-lo por meio de uma intelecção mais profunda

O plano do procedimento.

e mais rica. Com isto, é dada a base para investigar a posição dos traços essenciais assim conquistados da filosofia em relação ao nexo estrutural do indivíduo e da sociedade, para apreender a filosofia como uma função vital no indivíduo e na sociedade e, assim, unir os traços em um conceito essencial, a partir do qual a relação dos sistemas particulares da filosofia possa ser colocada em seu lugar e o limite fluido de sua abrangência possa se tornar claro. Este é o caminho, que nós temos de percorrer.

PRIMEIRA PARTE
Procedimento histórico para a determinação da essência da filosofia

I. Primeiras determinações sobre o estado de coisas universal

Há sistemas filosóficos, que marcaram mais do que qualquer outro a consciência da humanidade, sistemas pelos quais nós sempre nos orientamos em relação ao que é a filosofia. Demócrito, Platão, Aristóteles, Descartes, Espinosa, Leibniz, Locke, Hume, Kant, Fichte, Hegel e Comte criaram sistemas desse tipo. Esses sistemas possuem traços comuns, e, junto a esses traços, o pensamento conquista um critério de medida para responder à pergunta sobre até que ponto outros sistemas filosóficos também podem **Os traços formais** ser inseridos no campo da filosofia. De iní- **da filosofia.** cio, é possível constatar traços de natureza formal neles. Sem levar em conta que objeto os sistemas particulares possuem ou que método eles seguem: diferentemente das ciências particulares, eles são fundados em toda a abrangência da consciência empírica enquanto vida, experiência e ciências empíricas, e buscam, assim, resolver suas tarefas. Eles portam em si o caráter da universalidade. A isto corresponde o anseio por unir o singularizado e estendê-lo sem levar em conta os limites das ciências particulares. O outro traço formal da filosofia reside na exigência de um saber universalmente válido. Com essa exigência se liga o anseio **Determinações de** por retornar na fundamentação até que o **conteúdo.** ponto último para a fundação da filosofia seja alcançado. Para aquele que se aprofunda nos sistemas clássicos da filosofia por meio de autocomparações, porém, também surge, de início em contornos indeterminados, uma intuição da copertinência dos sistemas em termos de conteúdo. Os autotestemunhos dos filósofos sobre sua atividade criadora, que mereciam certamente ser reunidos, mostram de saída a juventude de todos os pensadores imbuída da luta com o mistério da vida e do mundo, e sua relação com o problema do mundo faz-se valer em cada um dos sistemas de uma maneira própria, de tal modo que as propriedades formais dos filósofos revelam nesses sistemas uma ligação secreta com a direção mais interna, capaz de levar a uma fixação e configuração da personalidade, à imposição da soberania do espírito, àquela constituição intelectual, que quer elevar todo fazer à consciência e não quer deixar para trás nada na obscuridade do mero comportamento.

II. Dedução histórica dos traços essenciais da filosofia a partir do nexo dos sistemas

Agora, então, vem à tona um procedimento que permite que olhemos mais profundamente o nexo interno desses traços, que explica as diferenças das determinações conceituais da filosofia, que indica para cada uma dessas fórmulas o seu lugar histórico e determina de maneira mais exata a abrangência do conceito.

No conceito de filosofia reside não apenas um estado de coisas universal, mas também um nexo dos estados de coisa – um nexo histórico. Os filósofos estão voltados de início diretamente para o enigma do mundo e da vida, os conceitos que eles formam da filosofia emergem daí, toda e qualquer posição que o espírito filosófico assume, então, no transcurso ulterior se remete a essa questão fundamental, todo e qualquer trabalho filosófico vivo surge nesta continuidade, e o passado da filosofia atua em cada pensador, de tal modo que ele, mesmo onde ele se desespera em relação à solução desse grande enigma, é determinado por esse passado à sua nova posição. Assim, todas as posições da consciência filosófica, todas as determinações conceituais da filosofia nas quais essas posições chegam a se expressar, formam um nexo histórico.

Primeira Parte – Procedimento histórico...

O nome filosofia. *1 Surgimento do nome na Grécia e o que lá foi designado com esse nome*

O nexo profundo e rico em ilações entre religiosidade, arte e filosofia, no qual os orientais viviam, partiu-se junto aos gregos em desempenhos diferenciados dessas três formas da criação espiritual. O seu espírito claro, autoconsciente, libertou a filosofia do vínculo com a religiosidade e do simbolismo vidente com poesias aparentadas com a filosofia e com a religião. Sua força intuitiva plástica atuou sobre a formação particular dos gêneros de criações espirituais. Assim, surgiu com os gregos ao mesmo tempo a filosofia, o seu conceito e a expressão φιλοσοφία. Heródoto designa como σοφός todo aquele que se destaca em uma atividade espiritual mais elevada. O nome σοφιστής é atribuído por ele a Sócrates, Pitágoras e outros filósofos mais antigos, e ele é utilizado por Xenofonte para designar os filósofos da natureza. A palavra composta φιλοσοφεῖν significa de início, na terminologia dos tempos de Heródoto e de Tucídides, o amor à sabedoria e a busca por ela: como a nova postura espiritual grega. Pois o grego estabelece nessa palavra a busca pela verdade em virtude da verdade – segundo um valor independente de toda e qualquer aplicação prática. Assim, em Heródoto, Creso diz a Sólon naquela típica apresentação da oposição entre a vontade de poder oriental e o novo *ethos* grego, que ele ouviu dizer que Sólon φιλοσοφέων[1] tinha perambulado por muitas terras θεωρίης εἵνεκεν – uma explicitação do "filosofante". A mesma expressão é usada, então, por Tucídides na oração fúnebre para Péricles, a fim de exprimir um traço fundamental do espírito ateniense de outrora. Como uma expressão técnica para uma determinada esfera de ocupação espiritual, porém, a palavra "filosofia" certamente só despontou na escola socrática. Pois a tradição que atribui tal fato a Pitágoras deveria retransportá-lo para algo platônico-socrático. E, em verdade, o conceito de filosofia tem, então, na escola platônico-socrática uma duplicidade notável.

---

1. Em grego no original: "filosofando" [N.T.].

Segundo Sócrates, filosofia não é sabedoria, mas amor à sabedoria e a sua busca; pois os deuses mesmos guardaram para si a verdade. A consciência crítica, que fundamenta em Sócrates, e, mais profundamente do que nele, em Platão, o saber, estabelece ao mesmo tempo limites para si. Platão foi o primeiro a, seguindo indicações mais antigas, particularmente de Heráclito, elevar à consciência a essência do filosofar. Na medida em que parte das experiências de seu próprio gênio filosófico, ele descreve o impulso filosófico e seu desdobramento no saber filosófico. Toda grande vida emerge do entusiasmo, que está fundado na natureza mais elevada do homem. Como nós estamos aprisionados no mundo sensível, essa natureza mais elevada se manifesta em uma nostalgia infinita. O Eros filosófico sai do amor para as belas figuras passando por níveis diversos, até chegar ao saber das ideias. Nosso saber, porém, permanece, mesmo nesse nível mais elevado, apenas uma hipótese, e, em verdade, essa hipótese tem por objeto as essencialidades imutáveis, que são concretizadas na realidade efetiva, mas ela nunca alcança, contudo, o nexo causal, que se estende desde o bem supremo até as coisas particulares, nas quais intuímos o eterno. Nessa grande nostalgia, que nunca satisfaz nosso saber, encontrava-se o ponto de partida para uma relação interior da filosofia com a religiosidade, que vive na plenitude do divino.

> **O lado negativo do conceito de filosofia na escola platônico-socrática.**

O outro momento, que a filosofia contém segundo o seu conceito socrático-platônico, designa o seu desempenho positivo. A apreensão desse lado teve um efeito ainda mais geral. Filosofia significa a direção para o saber – saber em sua forma mais rigorosa como ciência. Validade universal, determinação, retorno aos fundamentos legítimos de todas as suposições foram aqui de início destacados como uma exigência a todo e qualquer saber. O que estava em questão, porém, era pôr um fim no jogo sonhador e incessante das hipóteses metafísicas tanto quanto no ceticismo do Esclarecimento. E, em verdade, a meditação filosófica estendeu-se tanto em Sócrates quanto

> **O lado positivo.**

nos primeiros diálogos de Platão para toda a abrangência do saber, em uma oposição consciente à sua restrição ao conhecimento da realidade efetiva. Ela abarcava tanto a determinação dos valores quanto das regras e metas. Uma profunda e espantosa perspicácia reside nessa concepção: filosofia é a reflexão que eleva à consciência todo fazer humano e, em verdade, a um saber universalmente válido. Ela é a automeditação do espírito sob a forma do pensar conceitual. O fazer do guerreiro, do político, do poeta ou do homem religioso só pode se consumar se o saber desse fazer dirigir a práxis. E como todo fazer carece da determinação da meta, mas a meta derradeira, porém, reside na eudaimonia, então o saber em relação à eudaimonia, em relação às metas fundamentadas nela e os meios exigidos por essas metas, é o que há de mais forte em nós, e nenhuma força oriunda de instintos e paixões obscuras pode se impor, se o saber mostrar que a eudaimonia é obstruída por essas violências obscuras. Assim, só o domínio do saber pode elevar o indivíduo à liberdade e a sociedade à eudaimonia que lhe é própria. Com base nesse conceito socrático de filosofia, os diálogos socráticos de Platão empreenderam uma resolução dos problemas da vida. E justamente porque a vida, com o seu ímpeto para a eudaimonia, com o poder próprio das virtudes nas quais essa eudaimonia se realiza, não tinha como ser elevada a um saber universalmente válido, esses diálogos precisaram terminar negativamente: a contenda da escola socrática era insolúvel; apreendida de maneira profundamente perspicaz e correta, a apologia platônica na pessoa de Sócrates apreende as duas coisas: como ele lança mão da tarefa da validade universal do saber e como o não saber é de qualquer modo seu resultado. Esse conceito da filosofia, segundo o qual ela anseia por elevar ao nível do saber ser, valores, bens, metas e virtudes, e, assim, tem por seus objetos o verdadeiro, o belo e o bom, o primeiro resultado da meditação da filosofia sobre si mesma é: um efeito imensurável partia dela, e o cerne do verdadeiro conceito de essência da filosofia estava contido nela.

O conceito socrático-platônico da filosofia repercute na divisão da filosofia em Aristóteles. Segundo ele, a filosofia se decompõe em ciência teórica, ciência poética e ciência prática; ela é teórica, quando seu princípio e seu fim são o conhecimento; poética, quando seu princípio está colocado na faculdade artística e seu fim na produção de uma obra; e ela é prática, lá onde seu princípio é a vontade e seu fim é a ação enquanto tal. E, em verdade, a filosofia poética não abarca apenas a teoria da arte, mas todo e qualquer saber de um tipo técnico, que tenha sua meta não na energia da pessoa, mas na produção de uma obra exterior.

Repercussão desse conceito em sua divisão em Aristóteles.

Mas Aristóteles não articulou a sua filosofia segundo essa divisão fundamentada em Platão. Um conceito transformado dessa divisão se fez valer com ele. Filosofia não é mais, para ele, elevação máxima da personalidade e da sociedade humana por meio do saber: ela busca o saber em virtude dele mesmo; para ele, o comportamento filosófico é caracterizado pelo posicionamento teórico da consciência. Assim como a realidade efetiva mutável, mas consonante com a razão, está fundada no pensamento imutável e venturoso da divindade, que não tem nenhum fim e nenhum objeto para fora de si mesmo, a mais elevada dentre essas realidades efetivas mutáveis, a razão humana, tem, então, por fim, a sua função suprema no comportamento puramente teórico como o mais perfeito e o mais feliz para o homem: esse comportamento, porém, é para ele, então, filosofia; pois ela fundamenta e abarca todas as ciências. Ela cria uma teoria do saber como base de todo e qualquer tipo de trabalho científico, seu ponto central é, então, uma ciência universal do ser: filosofia primeira, para a qual se forma na escola a expressão metafísica; nessa visão de mundo teleológica completamente formada nessa filosofia primeira funda-se finalmente o nexo das ciências, que alcança desde o conhecimento da natureza através da doutrina do homem até a determinação do fim último para os indivíduos e para a so-

O novo conceito da filosofia na escola aristotélica.

Primeira Parte – Procedimento histórico...

ciedade. E, então, o novo princípio aristotélico do fim atuando de maneira causal submete ao pensamento até mesmo o mutável da realidade efetiva empiricamente dada. Assim, surge o novo conceito da filosofia: como a unidade das ciências, ela reproduz o nexo objeto da realidade efetiva em conceitos, nexo esse que se estende desde o conhecimento de Deus até o conhecimento do estabelecimento de fins no homem.

As escolas filosóficas. À subordinação grega das ciências particulares sob a filosofia correspondeu à organização das escolas filosóficas. Essas escolas não foram o ponto central da discussão sobre os princípios, mas também sítios de trabalho de uma pesquisa positiva. Em poucas gerações, toda uma gama de ciências naturais tanto quanto de ciências humanas chegou a se constituir nessas escolas. Há razões para considerar que, já antes de Platão, uma ordem e constância qualquer em termos de instrução e de trabalho conjunto tinha ligado não apenas os pitagóricos, mas também os alunos de outros pensadores mais antigos com esses pitagóricos e entre si. Sob a luz clara da história certificada entra em cena, então, e vem ao nosso encontro a academia e a escola peripatética, como agremiações juridicamente ordenadas, nas quais a unidade do pensamento filosófico fundamental mantinha coesas as ciências particulares e a paixão do puro conhecimento da verdade própria a todo e qualquer trabalho positivo comunicava vida e ligação com o todo: um paradigma inalcançado de poder criador de tal organização. A escola de Platão foi durante um tempo o ponto central da pesquisa de matemática e de astronomia; o mais violento trabalho científico, porém, que jamais foi feito em um tempo tão restrito e em uma posição, foi levado a termo pelos companheiros de Aristóteles.

Na organização das escolas filosóficas, o conceito grego de filosofia como a ciência conjunta encontrou a sua expressão suprema. Aconteceu isso, na medida em que se fez valer o lado na essência da filosofia, segundo o qual uma tarefa comum liga os que filosofam em torno de uma realização comum. Pois por toda parte onde o mesmo conteúdo final retorna em uma série de pessoas, ele coloca os indivíduos em conexão uns com os outros. A isso se alia na filosofia a força vinculadora, que está estabelecida em sua direção para a universalidade e para a validade universal.

A direção una do trabalho científico, tal como ela encontrou o seu desenvolvimento supremo na escola de Aristóteles, se decompôs como o reino de Alexandre. As ciências particulares amadureceram e ganharam a sua autonomia. O laço, que as tinha mantido coesas, dilacerou-se. Os sucessores de Alexandre fundamentaram fora das escolas **A emancipação das ciências particulares e o problema da posição da filosofia em relação a elas.** filosóficas instituições que serviam ao funcionamento particular das ciências. Aqui residiu um primeiro momento, que deu à filosofia uma posição modificada. As ciências particulares ocuparam paulatinamente todo o reino do efetivamente real em um transcurso, que se iniciou, então, uma vez mais no tempo moderno e que mesmo hoje ainda não chegou à sua conclusão. Se a filosofia tinha conduzido um círculo de pesquisa ao encontro da maturidade, esse círculo se destacou de seu vínculo. Isto aconteceu a ela primeiramente com as ciências naturais; nos tempos modernos, esse processo de diferenciação prosseguiu: a Ciência do Direito se tornou autônoma desde Hugo de Groot, a Teoria Comparativa do Estado desde Montesquieu; hoje, entre os psicólogos, faz-se valer o anseio por emancipação, e assim como a ciência geral da religião, a ciência da arte, a pedagogia e as ciências sociais estão fundadas no estudo dos fatos históricos e na psicologia, sua posição em relação à filosofia também precisou se tornar questionável. Esse adiamento constantemente crescente nas relações de poder no interior da região do saber apresentou por assim dizer de fora para a filosofia a tarefa de novas demarcações de seu âmbito. Em seu desenvolvimento interior, porém, havia momentos que atuavam de maneira muito mais amplamente intensa sobre esse ponto.

Pois justamente na atuação conjunta daquele fator externo com as forças que atuam **Filosofia da vida.** a partir de seu interior que surgiu, então, a transformação na posição da filosofia, que se desenvolveu desde a aparição dos

Primeira Parte – Procedimento histórico...

céticos, dos epicuristas e dos estoicos até a atividade de escrita de Cícero, Lucrécio, Epíteto e Marco Aurélio. No interior das novas relações de poder na região do saber, o fracasso do conhecimento metafísico do mundo, a expansão do espírito cético e uma aplicação que surgiu nas nações em processo de envelhecimento se fez valer na interioridade: desenvolve-se a filosofia da vida. Nela vem ao nosso encontro uma nova posição do espírito filosófico, que acabaria por ter a mais elevada significação para todo o futuro. Ainda se tinha retido o problema dos grandes sistemas em toda a sua abrangência. Todavia, a exigência de sua solução universalmente válida foi manipulada de maneira cada vez mais risível. A distribuição do peso entre as tarefas particulares tornou-se uma diversa; ao problema do valor e da finalidade da vida subordinou-se, então, o problema do nexo do mundo; no sistema estoico romano, o mais efetivo que o mundo jamais viu, o poder formador da pessoa próprio à filosofia ganhou o primeiro plano. A estrutura da filosofia, a coordenação e a relação de suas partes, tudo isto se tornou diverso. A essa transformação na posição da filosofia correspondia, então, também a aparição de novas determinações conceituais para ela. Nessa formulação defendida por Cícero, "a filosofia é mestra da vida, inventora das leis, introdutora em toda e qualquer virtude", e Sêneca a define como a teoria e a arte da correta condução da vida. Está dado com isto o fato de que ela é uma constituição da vida, não mera teoria, e, assim, gosta-se de usar a expressão sabedoria para ela. Mas quando se retorna do novo conceito da filosofia para a posição que é a dela, posição que ela expressa: então ela se desenvolve, de qualquer modo, em completa continuidade a partir dos grandes sistemas metafísicos, seu problema vem à tona apenas sob novas condições.

Por longos séculos, então, uma vez que, assim como esse traço conduzia às profundezas insondáveis da essência das coisas, o mundo em processo de envelhecimento conduzia à religião, a filosofia perdeu sua essência verdadeira em meio à subordinação à religião; a posição, que ela assumiu em seguida em relação à tarefa de um conhecimento universal em geral válido, os seus conceitos, que surgiram assim, não se

26 A essência da filosofia

encontra na linha do puro desenvolvimento de sua essência: na teoria dos elos intermediários entre filosofia e religião se precisará falar sobre isso.

2 As formas da filosofia no tempo moderno, tal como elas se expressam nos conceitos filosóficos

Quando, então, depois das preparações do Renascimento, nas quais uma arte e uma literatura em fase de secularização, e, aparentada com elas, uma livre filosofia da vida dominavam a cultura; quando as ciências da natureza se constituíram definitivamente e as ciências da sociedade assumiram pela primeira vez no sistema natural o caráter de um nexo sustentado por *uma* ideia; ou seja, quando as ciências empíricas empreenderam o conhecimento do universo segundo os seus métodos: surgiu aí ao mesmo tempo no século XVII uma nova relação das forças da cultura espiritual. A coragem para o saber rigoroso e universalmente válido e para a reconfiguração do mundo por meio de tal saber penetrou os povos sofredores; nela, as ciências particulares e a filosofia encontravam-se unidas: elas entraram, assim, na mais aguda oposição em relação à religiosidade e deixaram para trás arte, literatura e filosofia da vida; por isto, a direção para um conhecimento objetivo do mundo foi realizada de maneira ainda mais metódica e consciente de sua meta, sob novas condições, com o caráter da validade universal, tal como ele tinha imperado nos grandes sistemas da Antiguidade. Com isto, alterou-se também o caráter e o conceito da metafísica. Ela avançou da posição ingênua em relação ao mundo, passou pela dúvida até chegar à apreensão da relação do pensamento com o mundo; agora, então, ela se separa das ciências particulares por meio da consciência em relação ao seu método peculiar. Ela também encontra agora o objeto que lhe é próprio no ser, que não nos é dado em nenhuma ciência particular enquanto tal; mas na exigência metodológica de uma validade universal rigorosa e em uma automeditação progressiva sobre o procedimento metafísico reside um momento diferenciador de seu novo desenvolvi-

Primeira Parte – Procedimento histórico...

mento. Aquela exigência a articula com as ciências naturais matemáticas, e o caráter metodológico da universalidade e da fundamentação última a isola dessas ciências. É preciso, por conseguinte, fixar esse procedimento correspondente à nova consciência metodológica.

Filosofia como procedimento universal construtivo. Descartes, Hobbes, Espinosa e Leibniz.

a) O novo conceito da metafísica

Imediatamente após a fundamentação da mecânica, Descartes empreendeu o movimento de utilizar o seu novo método construtivo para a determinação da essência da filosofia. A primeira característica desse método, de acordo com a sua oposição em relação às ciências particulares, residia na apreensão maximamente universal do problema e no retrocesso a partir das primeiras suposições dessa apreensão até um princípio supremo. Aqui, tal método deu uma expressão mais consumada a certos traços fundamentais, que estão colocados na essência da filosofia, do que jamais tinha acontecido em algum sistema anterior. No método da execução, porém, residia, então, a sua peculiaridade genial. As ciências naturais matemáticas contêm pressupostos em si, que estão estabelecidos para além das regiões particulares da matemática, da mecânica e da astronomia. Caso se apresentem essas regiões com conceitos e proposições evidentes e caso se capte o fundamento de direito de sua validade objetiva, então um procedimento construtivo pode ser instituído sobre elas; com isto, o modo mecânico de consideração obtém pela primeira vez a sua segurança e possibilidade de uma extensão ulterior. Descartes fez com que isso se tornasse válido em face de Galileu, e, neste ponto, ele vislumbrou a superioridade do filósofo em relação ao físico. Hobbes e Espinosa se serviram, então, em seguida, do mesmo procedimento construtivo. Justamente em sua aplicação à realidade efetiva – cujas propriedades dadas ele naturalmente pressupõe aí por toda parte – vem à tona o novo sistema panteísta de Espinosa, o sistema da identidade entre espírito e natureza: trata-se de uma interpretação da realidade efetiva dada na experiência com base em verdades simples e evidentes; nesta metafísica da identidade, então, está fundada a doutrina do nexo causal dos estados psíquicos, nexo esse que conduz da escravidão das paixões até a liberdade. Leibniz, finalmente, foi mais além na execução desse novo método filosófico do que qualquer outro. Até a sua morte, ele se ocupou com o trabalho hercúleo de formar a sua nova lógica geral, transformando-a em base do procedimento construtivo. A demarcação da filosofia por meio do traço característico do método se manteve desde o século XVII nos sistemas metafísicos.

O método construtivo desses pensadores sofreu, então, a primeira *crítica cognitiva* por parte de Locke, Hume e Kant, ainda que tenham restado bases em Leibniz precisamente para uma teoria do saber, bases essas que só encontraram a sua plena compreensão no tempo mais recente. A conclusão a partir da evidência dos conceitos e proposições simples sobre a sua validade objetiva revelou-se como insustentável. As categorias da substância, da causalidade e da finalidade foram reconduzidas às condições da consciência que apreende. Se a segurança da matemática tinha garantido esse método filosófico construtivo, então Kant mostrou na intuição a base diferenciadora da evidência matemática. E mesmo o procedimento construtivo nas ciências humanas (ciências do espírito), tal como ele se apresenta no direito e na teologia natural, revelou-se como incapaz de fazer frente suficientemente à plenitude do mundo histórico no pensamento e no agir político. De acordo com isto, se não se quisesse chegar à rejeição de todo e qualquer método próprio à metafísica, era preciso configurar de maneira nova seu procedimento. E justamente *Kant*, que derrubou o método construtivo da filosofia, descobriu o meio de tal reconfiguração. Ele viu o elemento diferenciador de seu trabalho de vida crítico – e uma vez que aí residia para ele a questão principal da filosofia, o elemento diferenciador da própria filosofia – no método, que ele designou como o método transcendental. O edifício, que ele pensou erigir com seus meios, deveria ter por sua base as verdades assim encontradas, e, nessa compreen-

> **Dissolução do método construtivo por meio de Kant.**

são, ele reteve o nome da metafísica. Ele também apreendeu o novo princípio de conteúdo, sobre o qual Schelling, Schleiermacher, Hegel, Schopenhauer, Fechner e Lotze fundamentaram a metafísica.

O método metafísico da especulação alemã. De acordo com a grande intelecção da nova filosofia fundada na teoria do conhecimento de Locke, Hume e Kant, o mundo exterior só está presente para nós enquanto fenômeno; a realidade é (segundo os pensadores ingleses imediatamente, segundo Kant naturalmente concebida sob as condições da consciência) dada nos fatos da consciência: essa realidade, porém – isto é o decisivamente novo no ponto de vista de Kant –, é um nexo psíquico (espiritual), e a esse nexo remonta todo e qualquer nexo da realidade efetiva exterior. Os conceitos e proposições simples, que a filosofia construtiva colocou à sua base, são, por conseguinte, apenas elementos isolados pelo entendimento e abstratamente formulados desse nexo. Dessa concepção de Kant partiu a nova metafísica alemã; por isto, os metafísicos de Schelling até Schopenhauer olharam com ódio e desprezo para a reflexão e o entendimento, que desdobravam sua essência com esses elementos abstratos de um vivente, com as substâncias, as relações causais, as finalidades. Com seu novo método, que partia do nexo psíquico, eles puderam finalmente fazer jus às ciências humanas (ciências do espírito), que tinham se tornado superficiais e triviais por meio da aplicação daqueles conceitos reflexivos. E justamente essa suposição de um nexo espiritual conduziu o conceito da evolução, que tinha sido fixado pela experiência do universal, para o campo da intuição frutífera do desenvolvimento. Essa foi a última e a mais perfeita tentativa de desenvolver um método filosófico. Uma "tentativa de uma grandeza gigantesca". Mas mesmo ela precisou fracassar. É verdade: na consciência reside a possibilidade de apreender o nexo do mundo. E ao menos para as operações formais, por meio das quais ela o faz, cabe o caráter da necessidade. Todavia, mesmo esse método metafísico não encontra a ponte, que conduz da necessidade como um fato de nossa consciência para a validade objetiva, e é em vão que se busca um caminho que leve do nexo da consciência para a intelecção de que o laço da própria efetividade nos é dado nesse nexo.

Assim, então, as possibilidades do método metafísico foram colocadas à prova na Alemanha – uma depois da outra, e constantemente com o mesmo resultado negativo. Entre elas, duas lutaram pelo domínio durante o século XIX. Schelling, Schleiermacher, Hegel e Schopenhauer partiram do nexo da consciência e cada um deles descobriu a partir daqui o seu princípio do universo. Com base em Herbart, Lotze e Fechner partiram do dado na consciência como a quintessência das experiências e empreenderam a comprovação de que um conhecimento conceitual isento de contradições só seria possível por meio da recondução do mundo sensível dado a fatos e nexos espirituais. Os primeiros partiam de Kant e Fichte, que tinham querido elevar a filosofia ao nível de uma ciência universalmente válida. Os outros recorreram de início a Leibniz, para o qual a explicação do mundo tinha sido apenas uma hipótese bem-fundamentada. Os pensadores mais violentos no interior da primeira direção, *Schelling* e *Hegel*, tomaram como ponto de partida a sentença de Fichte, segundo a qual o nexo da consciência universalmente válido e manifesto no eu empírico traz à tona o nexo do universo; já essa sentença era uma interpretação falsa do estado de fato da consciência: na medida, porém, em que eles acreditavam poder transformar o nexo assumido por eles na consciência, uma vez que ele se mostra como a condição do mundo que aparece na consciência, no nexo do próprio universo, assim como eles acreditavam poder transformar o eu puro no fundamento do mundo, eles ultrapassaram tudo aquilo que é experienciável. Em uma dialética sem pausa, desde a intuição intelectual de Fichte e Schelling até o método dialético de Hegel, eles buscaram em vão um procedimento que demonstrasse a identidade do nexo lógico na consciência com o nexo no universo. E de maneira totalmente aniquiladora atuou a contradição entre o nexo objetivo do mundo, que eles assim encontraram, e a ordem dos fenômenos segundo leis, tal como as ciências

> As duas direções fundamentais desse método metafísico alemão. Schelling, Schleiermacher, Hegel, Herbart, Lotze, Fechner.

Primeira Parte – Procedimento histórico...

empíricas a tinham fixado. A outra direção, cujo líder, no solo de Herbart, foram *Lotze* e *Fechner*, uma direção que queria levar o dado, por meio da hipótese de um nexo espiritual, a um conhecimento conceitual isento de contradições, decaiu em uma dialética interna não menos destrutiva. O caminho que leva da multiplicidade do dado na experiência até as mães de todas as coisas, atravessando os conceitos, conduziu-os para o cerne de uma noite, na qual elementos reais ou mônadas, temporais ou atemporais, uma consciência universal tanto quanto uma inconsciência podiam ser encontrados por uma perspicácia interpretativa. Eles acumularam hipóteses que também não encontraram no intangível, no inexperienciável, nenhum solo firme, mas também nenhuma contradição. Um complexo de hipóteses era aqui tão possível quanto o outro. Como é que essa metafísica teria podido realizar a tarefa de dar segurança e firmeza à vida do particular e à sociedade em meio às grandes crises do século!

E, assim, essa última tentativa grandiosa do espírito humano fracassou na tarefa de encontrar, diferentemente do procedimento das ciências naturais, um método filosófico, sobre o qual uma metafísica pudesse ser fundamentada. Não é possível trazer a uma compreensão mais profunda o mundo dado na experiência, cujo conhecimento é o trabalho das ciências particulares, por meio de um método metafísico diverso de seu procedimento.

b) As novas determinações essenciais metafísicas da filosofia

A dialética interna da tarefa de conquistar um conceito essencial da filosofia, no qual se afirme o seu significado autônomo em relação às ciências particulares, leva a outras possibilidades. Se não há como ser encontrado um método, que assegure à metafísica o seu direito à existência ao lado das ciências empíricas, então a filosofia precisa satisfazer por novas vias a exigência do espírito por universalidade, por fundamentação, por apreensão da realidade. O ponto de vista do ceticismo também precisa ser superado na nova situação da pesquisa. Tateando e buscando um caminho para seguir em frente, a filosofia procura por uma posição da consciência em relação ao dado, que satisfaça à situação criada pelas ciências empíricas refundamentadas. E, se um método não pode ser encontrado, um método que criasse para a filosofia um objeto que lhe fosse próprio, um ser, assim como uma substância, um deus, uma alma, algo a partir do que os resultados das ciências particulares pudessem ser deduzidos, então surge de início a possibilidade de, partindo do conhecimento objetivo das próprias ciências particulares, buscar a sua fundamentação na teoria do conhecimento.

Pois uma região é incontestavelmente própria à filosofia. Se as ciências particulares distribuíram entre si o direito à realidade efetiva dada, e se cada uma trata de uma seção a partir dessa realidade efetiva, então surge justamente por meio daí um novo reino: *essas ciências mesmas*. O olhar volta-se do efetivamente real para o saber sobre ele e encontra aqui uma região, que se acha para além das ciências particulares. Desde que essa região ganhou o horizonte da reflexão humana, ela foi constantemente reconhecida como o domínio da filosofia – teoria das teorias, lógica, teoria do conhecimento. Caso se apreenda essa região em sua plena abrangência, então é própria da filosofia toda a doutrina da fundamentação do saber na região do conhecimento da realidade efetiva, da determinação valorativa, do estabelecimento de fins assim como da doação de regras. E, então, se o seu objeto é toda a quintessência do saber, então caem sob essa quintessência as ligações das ciências particulares entre si, sua ordem interna, segundo a qual cada nova ciência pressupõe as anteriores e se constrói sobre elas com os fatos que pertencem à sua própria região. Sob esse ponto de vista epistemológico também cresce nas próprias ciências particulares o espírito da fundamentação e do nexo. O funcionamento social das ciências particulares nas universidades e nas academias serve a ele, e a filosofia tem no interior dessas corporações a sua tarefa e o seu significado em manter desperto esse espírito. O clássico representante desse ponto de vista epistemológico no interior das ciências empíricas é

Filosofia como teoria do conhecimento.

Helmholtz. Ele fundou o direito à existência da filosofia no fato de ela ter no saber o seu objeto particular. O negócio da filosofia sempre continuará sendo, segundo ele, "investigar as fontes de nosso saber e o grau de sua justificação". "A filosofia tem seu grande significado no círculo das ciências como doutrina das fontes do saber e das atividades do saber, no sentido em que Kant e, até onde o compreendi, o primeiro Fichte a tomaram."

Na medida em que a realização essencial da filosofia foi transposta para a teoria do conhecimento, ela obteve aí a sua ligação com o seu problema fundamental. Foi justamente na crítica da intenção de um conhecimento objetivo de um nexo mundano e do fundamento do mundo, do valor supremo e da finalidade última, que a teoria do conhecimento tinha se desenvolvido. A partir do trabalho metafísico vão emergiu a investigação sobre os limites do saber humano. E a teoria do conhecimento apreendeu de maneira paulatina no curso de seu desenvolvimento a posição de todas a mais universal da consciência em relação ao que lhe é dado, posição essa que também expressa, por isto, nossa relação com o enigma do mundo e da vida. Filosofia é a meditação do espírito sobre todos os seus modos de comportamento, até o cerne de seus últimos pressupostos. Kant deu à filosofia a mesma posição que Platão. A amplitude de seu olhar se mostra no fato de sua crítica e fundamentação do saber ter se estendido ho-mogeneamente sobre o conhecimento da realidade efetiva, assim como sobre o julgamento de valores estéticos e sobre a prova do princípio teológico da consideração do mundo e a fundamentação universalmente válida das regras morais. E assim como todo e qualquer ponto de vista filosófico aspira a progredir da apreensão da realidade efetiva até a constatação das regras do agir, esse ponto de vista da teoria do conheci-mento também desenvolveu constantemente a direção para o efeito prático reformador da filosofia e para a força forma-dora da pessoa. Já Kant esclarece que o conceito de filosofia, de acordo com o qual ela tem por finalidade a perfeição lógi-ca do conhecimento, é apenas um conceito escolar; "mas há ainda um conceito mundial da filosofia, segundo o qual ela é a ciência da ligação de todo conhecimento com a finalidade essencial da razão humana". É importante, então, para falar com Kant, encontrar o nexo entre o conceito escolar de filosofia e seu conceito mundial, e a escola neokantiana atual faz jus a essa exigência em trabalhos insignes.

Uma outra postura filosófica não metafísica emergiu no círculo dos próprios pesquisadores particulares. Ela se satisfaz com a descrição do mundo fenomenal em conceitos e com a prova da ordem legal *Filosofia como conhecimento do nexo e da divisão das ciências.* entre eles, tal como ela é oferecida na comprovação por meio do experimento e por meio da entrada em cena do efeito calculado de antemão segundo a teoria. Se a teoria do conhecimento parte da positividade dos dados das ciências particulares, e se ela não consegue acrescentar nenhum conhecimento objetivo novo nem consegue encontrar no interior do nexo de suas fundamentações nenhuma nova fundamentação, então resta a possibilidade de se manter de uma vez por todas junto ao caráter positivo de seus resultados, de ver aí o ponto firme, que o novo filosofar busca, encontrando em sua autossuficiência praticamente garantida a apreensão do dado e recusando como infrutífera toda e qualquer reflexão sobre a sua validade universal. E caso se persiga a longa cadeia de conclusões dos teóricos do conhecimento, as dificuldades da formação conceitual nessa região, a contenda entre os partidos epistemológicos, então esses são momentos importantes para a decisão em relação a essa nova postura filosófica. Assim, a filosofia transpõe seu ponto central para a consciência do nexo lógico das ciências. Nessa nova posição a filosofia parece ter alcançado finalmente a concepção objetiva do mundo, liberada de investigações metafísicas e epistemológicas. Se *Os enciclopedistas: Bacon, d'Alambert, Comte.* as ciências empíricas investigam as partes particulares ou os lados da realidade efetiva, então resta à filosofia a tarefa de conhecer a ligação interna das ciências particulares entre si, ligação essa segundo a qual elas trazem ao conhecimento o todo da realidade efetiva.

Ela é, então, *Enciclopédia das ciências* em um entendimento filosófico mais elevado. No tempo tardio da Antiguidade, desde a autonomização das ciências particulares, surgiram enciclopédias – o funcionamento das escolas as exige; ao mesmo tempo, também existia do mesmo modo a necessidade de um inventário dos grandes trabalhos do mundo antigo, e – o que é importante para nós aqui –, desde então, irromperam os povos nórdicos. Além disto, depois do fim do Império Romano ocidental, começaram a se erigir os Estados germânicos e românicos sobre o solo da cultura antiga e com seus artifícios. Assim, a partir de Martianus Capella, esses trabalhos enciclopédicos, ainda que por demais precários, retiveram as ideias antigas da reprodução imagética do mundo nas ciências. Nas três grandes obras de Vincenz von Beauvais, tal conceito de enciclopédia é defendido da maneira mais perfeita possível. A partir dos inventários do saber que atravessam continuamente a Idade Média, veio à tona, então, a moderna enciclopédia filosófica. Sua obra fundamental provém do Cônsul Bacon: a partir dele, a enciclopédia buscou conscientemente o princípio das ligações internas entre as ciências. Hobbes foi o primeiro a ter descoberto na ordem natural das ciências, como é que essa ordem é determinada pela relação, de acordo com a qual uma se mostra como o pressuposto da outra. Em conexão com a enciclopédia francesa, então, d'Alembert e Turgot levaram a termo esse conceito da filosofia como ciência universal. E sobre essa base, *Comte*, por fim, apresentou a *filosofia positiva* como o sistema das relações internas das ciências segundo a sua dependência sistemática e histórica mútua, juntamente com a sua conclusão na sociologia. Sobre esse ponto de vista consumou-se uma análise metódica das ciências particulares. A estrutura de cada uma delas foi investigada, os pressupostos contidos nessa estrutura foram constatados e, nesses pressupostos, conquistou-se, então, o princípio das relações das ciências entre si; poderia ser ao mesmo tempo indicado como é que, nesse movimento contínuo de ciência para ciência, surgem novos métodos: por fim, então, a sociologia foi requisitada e metodicamente

Filosofia como a ciência que sintetiza todas as ciências particulares.

determinada como a obra propriamente dita da filosofia. E, com isto, consumou-se a tendência estabelecida nelas com a separação das ciências particulares para produzir o seu nexo a partir delas mesmas, sem adjunção de uma fundamentação genericamente epistemológica, e, de acordo com isto, como filosofia positiva. Foi uma tentativa significativa de constituir a filosofia como o nexo imanente do conhecimento de objetos. Assim como essa concepção positivista da filosofia parte do conceito rigoroso do saber universalmente válido, desenvolvido nas ciências naturais, seu significado mais amplo para o trabalho filosófico reside no fato de ela fazer valer as exigências que assim despontam e purificar as ciências de todo e qualquer adendo indemonstrável, que tenha provindo das concepções metafísicas. Já por meio dessa oposição interior à metafísica, a nova posição filosófica é condicionada historicamente pela metafísica. Ela é, contudo, além disto, a direção para uma concepção universal do mundo, universalmente válida, por meio da qual mesmo esse ramo da filosofia está em conexão com a sua raiz.

Significado e limites dessa determinação conceitual positivista.

Esta segunda posição não metafísica do espírito filosófico se lança, então, porém, para além da região do positivismo. Na medida em que uma visão de mundo se imiscui nessa região por meio da superordenação do conhecimento natural sobre os fatos espirituais, o positivismo se torna uma doutrina particular no interior dessa nova posição do espírito filosófico. Também encontramos a mesma posição, sem esse adendo, amplamente difundida, e, em verdade, ela foi assumida por muitos pesquisadores excelentes na região das ciências humanas. Ela entra em cena de maneira particularmente efetiva na Ciência do Estado e na Ciência do Direito. A concepção dos imperativos, que estão dirigidos aos membros de um Estado na legislação, pode ser restrita à interpretação da vontade, que ganha expressão neles; e isso sem recorrer a princípios universais, tal como, por exemplo, a ideia de justiça, para a fundamentação do direito positivo e para a prova de sua correção. Em tal comportamento reside um posicionamento filosófico aparentado com o positivismo.

Primeira Parte – Procedimento histórico...

Enquanto concepção positivista da realidade efetiva, essa segunda posição antimetafísica da filosofia encontra, sobretudo na França atual, os limites de seu poder, por maior que esse poder ainda se faça hoje presente por lá, no fato de o modo de concepção fenomenal contido nela não conseguir fazer jus à realidade da consciência histórica e dos valores vitais coletivos, e, do mesmo modo, de esse posicionamento filosófico não estar em condições, enquanto interpretação positiva das ordens jurídicas, de fundamentar ideais, que possam guiar uma era dirigida para a reconfiguração da sociedade.

Filosofia como ciência do espírito ou como ciência da experiência interior. Se a corrente epistemológica buscava o elemento distintivo da filosofia em seu posicionamento metodológico e encontrou nele a autodeterminação metódica, a aspiração da filosofia por pressupostos últimos, então o pensamento positivo buscou, por outro lado, o elemento característico da filosofia em sua função no interior do sistema das ciências e manteve nele a aspiração da filosofia por universalidade: assim, restou ainda a possibilidade de buscar para a filosofia o seu objeto particular de tal modo que, aí, sua *aspiração por uma apreensão da realidade* se satisfizesse. As tentativas de penetrar pela via metafísica na realidade fracassaram, a realidade da consciência veio à tona como um fato tanto mais intensamente em seu significado. Na experiência interior, essa realidade da consciência nos é dada, e, com ela, a possibilidade de conhecer mais profundamente a multiplicidade dos produtos do espírito humano, tal como essa multiplicidade é apreendida nas ciências humanas (ciências do espírito). A experiência interior é o ponto de partida para a lógica, para a teoria do conhecimento e para toda e qualquer doutrina da geração de um modo uno de ver o mundo, e nela se baseiam a psicologia, a ética e disciplinas aparentadas. Toda a região assim circunscrita sempre foi designada como filosófica. Nesse estado de coisas se funda aquele modo de ver a essência da filosofia, que a concebe como ciência da experiência interna ou como *ciência do espírito (ciência humana).*

Este ponto de vista desenvolveu-se desde o tempo, no qual a psicologia obteve no século XVIII, por meio da formação da doutrina da associação, uma base empírica e no qual se abriu diante dela um vasto reino de aplicações frutíferas em termos de teoria do conhecimento, estética e ética. David *Hume* em sua obra capital sobre a natureza humana vê no estudo do homem que se acha fundado na experiência a verdadeira filosofia. Na medida em que ele rejeita a metafísica, fundamentando a teoria do conhecimento exclusivamente na nova psicologia e indicando nessa psicologia ao mesmo tempo os princípios explicativos para as ciências do espírito (ciências humanas), surge um nexo das ciências humanas (ciências do espírito) fundado na experiência interior. Depois que as ciências naturais foram criadas, reside nesse nexo, cujo ponto central é a doutrina do homem, a outra tarefa maior para o espírito humano. Nele continuaram trabalhando, então, Adam Smith, Bentham, James Mill, John Stuart Mill e Bain. Totalmente como Hume, John Stuart Mill quer saber compreendida sob o nome da filosofia "o conhecimento científico do homem como um ser intelectual, moral e social". Na Alemanha, Beneke defendeu o mesmo ponto de vista. Ele o acolheu da escola inglesa e escocesa, e só em sua execução é que ele se encontra sob a influência de Herbart. Neste sentido ele já explica em sua *Fundamentação para a física dos costumes*: "Se minha visão se mostra como penetrante, então toda a filosofia se torna ciência da natureza da alma humana". Quem o guia é a grande verdade de que a experiência interior nos descortina uma realidade efetiva plena na vida anímica, enquanto o mundo exterior dado nos sentidos só nos é dado como fenômeno. E ele mostrou, então, em sua *Psicologia pragmática* como é que "tudo aquilo que se acha diante de nós para o nosso conhecimento na lógica, na moral, na estética, na filosofia da religião, sim, mesmo na metafísica" só pode ser apreendido de maneira clara e profunda, "se nós o concebermos segundo as leis fundamentais do desenvolvimento da alma humana, tal como eles são expostos na psicologia

> Hume e a escola psicológica escocesa e inglesa: John Stuart Mill, Beneke, Lipps.

Primeira Parte – Procedimento histórico...

(teórica) em seu nexo geral". Entre os pensadores posteriores, Theodor Lipps, em seu livro *Grundtatsachen des Seelenlebens* (Fatos fundamentais da vida psíquica), define expressamente a filosofia como ciência do espírito (ciência humana) ou como ciência da experiência interior.

O grande mérito desses pensadores para a formação das ciências humanas (ciências do espírito) não está sujeito a nenhuma dúvida. Somente desde o momento em que foi reconhecida a posição basilar da psicologia nessa região e que nossos conhecimentos psicológicos foram aplicados às ciências humanas (ciências do espírito) particulares, é que a psicologia começou a se aproximar das exigências por um saber universalmente válido. Mas o novo ponto de vista filosófico da filosofia enquanto ciência da experiência interior não tinha como responder a pergunta sobre a validade universal do conhecimento científico, e, em sua restrição, ele também não podia fazer frente à tarefa que o positivismo tinha apresentado para si com razão. Assim, Theodor Lipps também se encaminhou para uma nova concepção de seu ponto de vista.

Faz-se valer, então, nessa concepção da filosofia, uma relação extremamente significativa dessa terceira posição não metafísica do pensar filosófico com os problemas metafísicos da filosofia, posição essa que também ratifica a denominação e o transcurso histórico. Ciências naturais só destacam da vivência conteúdos parciais, que podem servir para a determinação das transformações no mundo físico dependente de nós. Assim, o conhecimento da natureza só tem algo em comum com fenômenos para a consciência. O objeto das ciências humanas (ciências do espírito) é a realidade dada na experiência interior das próprias vivências. Aqui, portanto, possuímos uma realidade, vivenciada – por conseguinte, naturalmente apenas vivenciada –, cuja apreensão constitui a nostalgia que nunca tem fim da filosofia. Vê-se como é que mesmo essa demarcação de uma determinação conceitual da filosofia retém corretamente o nexo de sua essência com o seu problema fundamental originário.

3 Conclusão sobre a essência da filosofia

Os resultados negativos sobre as determinações conceituais da filosofia.

Um lado do resultado a partir do estado de coisas histórico é negativo. Em cada uma das determinações do conceito aparece apenas um momento de seu conceito essencial. Cada uma delas é apenas expressão de um ponto de vista, que a filosofia assumiu em uma posição de seu transcurso. Elas enunciam aquilo que se mostrou para um ou muitos pensadores em uma determinada situação como necessário e possível enquanto realização da filosofia. Cada uma delas determina um círculo particular de fenômenos enquanto filosofia, e exclui desse círculo os outros fenômenos designados com o nome filosofia. As grandes oposições entre os pontos de vista, tal como essas oposições atuam, então, umas contra as outras com a mesma força, ganham expressão nas definições da filosofia. Elas se afirmam como igualmente justificadas umas em relação às outras. E a contenda só pode ser resolvida, se for possível encontrar um ponto de vista acima dos partidos.

Elas são projetadas a partir do ponto de vista sistemático.

O ponto de vista, a partir do qual as determinações conceituais apresentadas da filosofia foram projetadas, foi, de acordo com isto, o ponto de vista sistemático, que busca exprimir em uma definição a partir do nexo de seu sistema aquilo que lhe aparece como uma tarefa valorosa e resolvível. Esse ponto de vista é, com isto, indubitável; ele não nega que a filosofia também tenha estabelecido para si no curso da história outras tarefas, ele declara, porém, que a sua resolução é impossível ou insignificante, e, assim, aparece para ele o trabalho da filosofia junto a essas tarefas como uma ilusão longamente mantida. Na medida em que o filósofo particular está completamente consciente desse sentido de sua determinação conceitual, não pode haver qualquer dúvida quanto ao seu direito de reduzir a filosofia à teoria do conhecimento ou às ciências, que estão fundadas na experiência interior, ou à ordem sistemática das ciências, nas quais elas realizam o conhecimento.

Primeira Parte – Procedimento histórico...

O ponto de vista histórico. A tarefa de uma determinação da essência da filosofia, que deixa clara a sua denominação e os conceitos dos filósofos particulares sobre ela, conduz necessariamente do ponto de vista sistemático para o ponto de vista histórico. É preciso determinar não o que aqui e agora é considerado como sendo a filosofia, mas o que sempre e por toda parte constitui seu estado de coisas. Todos os conceitos particulares da filosofia apontam apenas para esse estado de coisas universal, que torna compreensível a multiplicidade daquilo que veio à tona como filosofia e as diferenças nessas concepções. E justamente por meio do fato de a certeza de si, com a qual os sistemas particulares entram em cena em seu modo próprio de ser e se exprimem sobre a filosofia, ser compreendida em sua necessidade por sobre esse ponto de vista histórico, revela-se a superioridade de tal ponto de vista. Cada solução dos problemas filosóficos pertence, visto historicamente, a um presente e a uma situação nele presente: o homem, essa criatura do tempo, na medida em que atua sobre o tempo, tem a certeza de sua existência no fato de aquilo que ele cria ser por ele destacado do fluxo do tempo, como algo duradouro; sob essa aparência, ele cria com um ânimo alegre e vigoroso. Nisto reside a eterna contradição entre os espíritos criadores e a consciência histórica. Para os espíritos criadores, é natural querer esquecer o passado e não atentar para o melhor futuro: esse melhor futuro, porém, vive na síntese de todos os tempos, e ele preserva em toda criação do singular a relatividade e a perecibilidade que é dada concomitantemente para ele. Essa contradição é o sofrimento mais próprio ainda sustentado pela filosofia atual. Pois no filósofo do presente, o próprio criar encontra-se com a consciência histórica, uma vez que sua filosofia só abarcaria hoje, sem tal consciência, uma parcela fragmentária da realidade efetiva. Sua criação precisa se saber como um elo no nexo histórico, no qual ele produz algo condicionado. Neste sentido, torna-se possível para ele uma resolução dessa contradição, tal como essa resolução virá à tona em uma passagem posterior: assim, ele pode se entregar tranquilamente ao poder da consciência histórica, e mesmo a sua própria obra diurna pode ser colocada sob o ponto de vista do nexo histórico, no qual a essência da filosofia se realiza na multiplicidade de seus fenômenos.

A partir desse ponto de vista histórico, cada conceito particular da filosofia torna--se um caso, que remonta à lei de formação contida pelo estado de coisas da filosofia. **Dedução dos traços essenciais particulares.**

E por mais insustentável que seja por si cada uma das determinações conceituais da filosofia projetadas a partir do ponto de vista sistemático, todas elas são de qualquer modo importantes para a resolução da questão acerca da essência da filosofia. Elas são, contudo, uma parte essencial do estado de fato histórico, a partir do qual nós fazemos desde então deduções.

Em nome dessa conclusão, resumamos todos os dados empíricos que foram percorridos até aqui. O nome filosofia revelou-se como distribuído em estados de fato do tipo mais diverso possível. Uma mobilidade extraordinária mostrou-se na essência da filosofia: uma colocação sempre nova de tarefas, um adaptar-se aos estados da cultura. A filosofia toma problemas como valiosos e os rejeita, então, uma vez mais: em um nível do conhecimento, seu questionamento se mostra como solúvel, nível esse que ela deixa em seguida cair como insolúvel. Sempre vimos atuar nela, porém, a mesma tendência para a universalidade, para a fundamentação, a mesma direção do espírito para o todo do mundo dado. E constantemente luta nela o impulso metafísico para penetrar no cerne desse todo, com a exigência positivista da validade universal de seu saber. Esses são os dois lados, que são próprios à sua essência e que a distinguem também das regiões mais proximamente aparentadas da cultura. Diferentemente das ciências particulares, ela busca a solução do enigma do mundo e da vida mesma. E, diferentemente da arte e da religião, ela quer oferecer essa solução de uma maneira universalmente válida. Pois esse é, então, o resultado principal oriundo do estado de fato histórico discutido: um nexo histórico consequente, em si coeso, leva do conhecimento metafísico do mundo dos gregos, que procuraram resolver de uma maneira universalmente válida o grande enigma do mundo

Primeira Parte – Procedimento histórico...

e da vida, até os positivistas mais radicais ou os céticos do presente; tudo o que acontece na filosofia é determinado de algum modo por esse ponto de partida, por meio de seu problema fundamental; todas as possibilidades são percorridas em relação a como o espírito humano pode se comportar em relação ao enigma do mundo e da vida.

Filosofia como uma função no nexo final da sociedade.
Nesse nexo histórico, a realização de toda e qualquer posição filosófica é a concretização de uma possibilidade sob as condições dadas: cada uma delas expressou um traço essencial da filosofia, e ela apontou ao mesmo tempo, por meio de sua delimitação, para o nexo teleológico, no qual ela é condicionada – como parte de um todo, no qual apenas toda a verdade é. Esse estado de fato histórico composto explica-se a partir do fato de a filosofia ser uma função no nexo final da sociedade, que é determinada pela realização própria à filosofia. O modo como ela preenche essa função em suas posições particulares é condicionado por sua relação com o todo e, ao mesmo tempo, pela situação cultural segundo tempo, lugar, relações vitais e personalidade. Por isto, ela não tolera nenhuma demarcação rígida por meio de um objeto determinado ou por meio de um método determinado.

Essa função coloca em conexão os particulares, nos quais ela é efetiva.
Esse estado de coisas, que forma a essência da filosofia, une todos os pensadores filosóficos. Aqui, um traço essencial encontra sua explicação, um traço que veio ao nosso encontro nas aparições da filosofia. O nome filosofia, vimos, designa algo que uniformemente retorna e que está por toda parte presente, quando esse nome entra em cena. Ao mesmo tempo, porém, ele designa um nexo interno daqueles que participam da filosofia. Se a filosofia é uma função, que leva a termo na sociedade uma determinada realização, então ela coloca em uma relação interna aqueles nos quais vive essa finalidade. Os principais representantes das escolas filosóficas estão, assim, ligados com os seus alunos. Nas academias, que surgiram desde a fundamentação das ciências particulares, encontramos essas ciências particulares

em um trabalho conjunto, complementando-se mutuamente, trabalho esse sustentado pela ideia da unidade do saber, e a consciência desse nexo corporifica-se em naturezas filosóficas como Platão, Aristóteles e Leibniz. Finalmente, no curso do século XVIII, também se desenvolveram as universidades, transformando-se em organizações do trabalho científico conjunto, no qual os mestres entre si e com os alunos se acham ligados. Mesmo entre eles, então, coube à filosofia a função de manter viva a consciência da fundamentação, do nexo e da meta do saber. Todas essas organizações abarcam o nexo final interno, no qual, a partir de Tales e Pitágoras, um pensador entrega ao outro problemas e lega verdades: possibilidades da solução são pensadas inteiramente nessa sequência; visões de mundo são continuamente formadas. Os grandes pensadores atuam como forças sobre todo e qualquer tempo subsequente.

III. Os elos intermediários entre a filosofia e a religiosidade, a literatura e a poesia

Os sistemas dos grandes pensadores, nos quais o nexo desses sistemas se apresenta em primeira linha na história, e o nexo desses sistemas na história nos levaram a uma intelecção nuclear da função da filosofia. A partir dessa função da filosofia, então, a distribuição dos nomes "filosofia" e "filosófico" ainda não são completamente deduzidos. Esses nomes estendem-se também para fenômenos, que não são determinados exclusivamente por essa função da filosofia. O horizonte da consideração precisa se ampliar, para que se possa explicar esses fatos.

Novas tarefas apresentadas pela nomeação, a formação conceitual e o nexo histórico.

O parentesco da filosofia com a religião, a literatura e a poesia sempre foi observado. A relação interior com o enigma do mundo e da vida é comum às três. E, assim, os nomes "filosofia" e "filosófico", do mesmo modo que designações que lhe são aparentadas, foram transpostos tanto para estados de fato espirituais na região da religiosidade quanto para tais estados de fato próprios à experiência de vida, à condução da vida, à atuação literária e à poesia.

As formas entre a filosofia e a religião. Gnose, mística. Os apologetas gregos designam pura e simplesmente o *cristianismo* como filosofia. Segundo Justino o Cristo, enquanto a razão divina que se torna homem, resolve definitivamente as questões, com as quais tinham se debatido os verdadeiros filósofos. E, de acordo com Minúcio Félix, a filosofia, que se consuma no cristianismo, consiste nas eternas verdades sobre Deus, sobre a responsabilidade humana e sobre a imortalidade, verdades essas que estão fundadas na razão e que podem ser comprovadas por ela: os cristãos são hoje os (verdadeiros) filósofos, e os filósofos nos tempos pagãos já tinham sido cristãos. Um outro grupo cristão muito significativo designa o saber, que consuma a crença, como *gnose*. A gnose herética funda-se na experiência do poder moral do cristianismo para libertar a alma da sensibilidade, e ela dá a essa experiência uma interpretação metafísica em intuições histórico-religiosas. No interior da igreja, Alexandrino Clemente concebeu a gnose como a crença cristã elevada ao nível do saber e atribuiu a ela o direito de interpretar o sentido mais elevado das Sagradas Escrituras. Orígenes determina no escrito sobre os princípios, no sistema levado a termo da gnose cristã, a gnose como o procedimento, que dá às verdades contidas na tradição do apóstolo a sua fundamentação. E, no interior da especulação greco-romana da mesma época, vem à tona algo semelhante no *Neoplatonismo*: pois o impulso filosófico encontra aqui a sua derradeira satisfação na união mística com a divindade, e, de acordo com isso, com o processo religioso; por isto, Porfírio visualiza o tema e a tarefa da filosofia na salvação da alma e Proclos prefere para o seu trabalho de pensamento o nome de teologia ao nome de filosofia. Os meios de pensamento, através dos quais religião e filosofia alcançam uma unidade interior, são em todos esses sistemas os mesmos. O primeiro é a doutrina do logos. Na unidade divina está fundada uma capacidade de se comunicar, e, assim, provêm dela como essencialmente aparentadas as formas filosóficas tanto quanto as formas religiosas da comunicação. O outro meio de pensamento é a interpretação alegórica. Por meio dessa interpretação, o particular e o histórico são elevados no interior da fé religiosa e nos escritos sagrados ao patamar de uma visão de mundo universal. Nos próprios sistemas, o impulso filosófico, a crença religiosa, a fundamentação consonante com o entendimento e a união mística são de tal modo unificados entre si com a divindade que os processos religiosos e os processos filosóficos se apresentam como momentos do mesmo processo. Pois nessa era da grande luta entre as religiões surge, então, a partir da intuição do desenvolvimento das personalidades significativas, o novo pensamento criador de um tipo geral da história do desenvolvimento das almas superiores. Nele se baseiam, então, as formas supremas da mística medieval, de tal maneira que, neles, não é possível reconhecer apenas uma mera mistura dessas duas regiões, mas um nexo psicológico interior visto profundamente entre elas. Tal fenômeno espiritual precisou ter como consequência uma oscilação completa na nomeação. Jakob Böhme ainda designa sua obra de vida como uma filosofia sagrada.

Se todos esses fatos já apontam para a ligação interna entre religiosidade e filosofia, então ela se torna por fim evidente no fato de a história da filosofia não poder excluir de si esses elos intermediários entre ela e a religiosidade. Esses elos têm sua posição no progresso da experiência de vida em direção à consciência psicológica sobre eles, assim como no surgimento e na formação da intuição vital. Assim, essa camada intermediária entre a religiosidade e a filosofia obriga a retornar a um ponto por detrás dos traços essenciais até aqui fixados da filosofia: ela obriga a retornar a nexos de uma abrangência mais ampla e de uma base mais profunda.

A mesma obrigação emerge também, quando nós vislumbramos as relações com a experiência de vida, com a *literatura* e com a *poesia*, tal como essas experiências se revelam na nomeação, na determinação conceitual e no nexo histórico. Aqueles, que aspiram a conquistar como escritores para o seu impacto sobre o público um ponto de vista inatacável, encontram-se

Formas de condução da vida entre filosofia e arte. Literatura e poesia.

nesse caminho com aqueles que progridem a partir da própria investigação filosófica, desesperando-se com o sistema e querendo fundamentar e exprimir de maneira mais livre e mais humana o saber sobre a vida.

Lessing pode ser considerado como um representante da primeira classe. Seu elemento natural o teria transformado em escritor. Como um homem jovem, ele observou a existência dos sistemas filosóficos. No entanto, não pensou em tomar partido em sua contenda. Mas cada uma das pequenas e grandes tarefas, que ele estabeleceu para si, o obrigou a buscar conceitos e verdades fixos. Quem quer guiar o público precisa estar ele mesmo em um caminho seguro. Assim, ele foi conduzido de tarefas restritas para problemas de um tipo cada vez mais geral. Sem realizar até o fim o trabalho sistemático do filósofo, ele resolveu esses problemas a partir da força de sua própria essência; a partir da filosofia que se achava à sua volta, a doutrina determinista chegou até ele, e os homens, que ele conhecia tão bem, o ratificaram; sobre essa base surgiu, então, em seus estudos teológicos certa representação da força divina, na qual o nexo necessário das coisas está fundado. Esses momentos e outros, que lhe eram aparentados, o levaram a uma estrutura interna de suas ideias, que continua sendo sempre muito diversa dos traços essenciais da filosofia, tal como eles foram expostos. E, contudo, ninguém hesita em falar da filosofia de Lessing. Ele intervém em uma posição determinada na história dessa região vital e assevera aí o seu lugar. Em todos os escritos, por conseguinte, para os quais ele é representativo, lidamos necessariamente com uma camada intermediária, que liga a filosofia com a literatura.

Justamente à mesma camada intermediária pertence, então, também a outra classe, que saiu da filosofia sistemática para um modo mais subjetivo, mais amorfo de resolver o enigma da vida e do mundo. Esse grupo assume na história do espírito humano uma posição muito proeminente. Antes de tudo, é preciso ter em vista o fato de que todas as vezes em que uma época do pensamento sistemático chega ao fim, em que os valores vitais que vigoram nela não correspondem mais à situação transformada do homem e o conhecimento conceitual do mundo inteiramente trabalhado de maneira fina e sutil não consegue mais satisfazer os novos fatos descobertos, emergem aí tais pensadores e anunciam um novo dia na vida da filosofia. Desse tipo eram aqueles filósofos da escola estoica romana que, a partir da filosofia do agir, chegaram a se livrar do peso da sistemática grega e a buscar em uma interpretação mais livre da própria vida a sua meta. Marco Aurélio, que encontrou em seus autodiálogos a forma mais genial para esse procedimento, vê a essência da filosofia em uma constituição vital, de acordo com a qual deus em nosso interior seria independente da violência do mundo e teria se mantido puro de sua sujeira. Todavia, esses pensadores tinham um pano de fundo firme para a sua consideração da vida na sistemática da doutrina estoica, e, assim, eles permaneceram ainda em uma ligação interna direta com o movimento da filosofia que se encontra sob a exigência da validade universal. Sim, eles têm nessa filosofia o seu lugar como o desenvolvimento contínuo da doutrina da personalidade construída sobre o determinismo panteísta: em uma direção que retornou na filosofia alemã do século XIX e que também mostra aí por causa do caráter de tal doutrina da personalidade uma forte tendência para se exprimir em apresentações livres. Mais claramente, porém, destaca-se da filosofia com a sua exigência por validade universal uma série de pensadores modernos. A arte da experiência de vida e de condução da vida na era do Renascimento mostrou como a sua mais fina florescência os ensaios de Montaigne. Montaigne deixa para trás o julgamento da vida por parte da filosofia medieval, e, de maneira ainda mais decidida do que Marco Aurélio, abdica de toda e qualquer requisição por fundamentação e por validade universal. Seus trabalhos estendem-se apenas em exposições ocasionais e breves para além do estádio do homem: seus ensaios são, para ele, a sua filosofia. Pois essa é a formadora da faculdade de julgar e dos hábitos, sim, no fundo, firmeza e sinceridade são a verdadeira filosofia ela mesma. E assim como o próprio Montaigne designa a sua obra como filosofia, ele é em seu lugar imprescindível para a história de toda essa área da vida. Do mesmo modo, Carlyle,

Primeira Parte – Procedimento histórico...

Emerson, Ruskin, Nietzsche e mesmo Tolstoi e Maeterlinck possuem no presente alguma ligação com a filosofia sistemática, e, de maneira ainda mais autoconsciente e mais rígida do que Montaigne, eles suspenderam toda e qualquer ligação com a filosofia enquanto ciência.

Todos esses fenômenos são, do mesmo modo que a mística, não uma mistura turva da filosofia com outra região vital, mas, tal como nessa região, também ganha expressão neles um desenvolvimento psíquico. Procuremos apreender a essência dessa moderna filosofia da vida. Um de seus lados é formado pela pergunta sobre como é que, aqui, em uma gradação paulatina, as exigências metodológicas da validade universal e da fundamentação vão arrefecendo; o procedimento que, a partir da experiência vital, conquista uma interpretação da vida, assume nessa gradação formas cada vez mais livres; *aperçus* tornam-se uma interpretação não metodológica, mas de qualquer modo impressionante da vida. Esse gênero literário possui uma relação de parentesco com a arte antiga da sofística e da oratória, que Platão expulsou tão agudamente do âmbito da filosofia. Para ele, no lugar da demonstração metodológica, entra em cena o convencimento. E, contudo, uma forte ligação interna articula alguns desses pensadores com o próprio movimento filosófico. Sua arte de convencimento está expressamente ligada com uma seriedade terrível e com uma grande veracidade. Seus olhos continuam dirigidos para o enigma da vida, mas eles se desesperam quanto à possibilidade de resolver esse enigma por intermédio de uma metafísica universalmente válida; a vida deve ser interpretada a partir dela mesma – este é o grande pensamento, que liga esses filósofos da vida com a experiência de mundo e com a poesia. A partir de Schopenhauer, esse pensamento se desenvolveu de maneira cada vez mais hostil em relação à filosofia sistemática; agora, ele forma o ponto médio dos interesses filosóficos da geração mais jovem. Uma direção da literatura dotada de uma grandeza própria e de um caráter autônomo ganha expressão nesses escritos. E assim como eles requisitam para si o nome da própria filosofia, eles preparam hoje, tal como os pensadores religiosos o fizeram um dia, novos desenvolvimentos da filosofia sistemática. Pois depois que a ciência universalmente válida da metafísica se viu destruída de uma vez por todas, um método independente dela precisou ser encontrado, um método para alcançar determinações sobre valores, finalidades e regras da vida, e, com base na psicologia descritiva e analítica, que parte da estrutura da vida psíquica, é preciso buscar no interior da ciência metodológica uma solução dessa tarefa, ainda que essa solução seja mais modesta e menos ditatorial, uma solução da tarefa que a filosofia da vida colocou para si mesma.

A relação composta, que se abre nessa camada entre religião, filosofia, experiência de vida e poesia, obriga-nos a recorrer às relações que vigoram entre essas forças da cultura na pessoa particular e na sociedade. A incerteza da demarcação, tal como ela se acha fundada na mobilidade das características da filosofia e remonta à determinação conceitual da filosofia como uma função, só pode ser totalmente compreendida, se nós retornarmos ao nexo vital no indivíduo e na sociedade e inserirmos nele a filosofia. Isto acontece por meio da aplicação de um novo procedimento.

SEGUNDA PARTE
A essência da filosofia compreendida a partir de sua posição no mundo espiritual

Tarefa da inserção da filosofia no nexo universal ao qual ela pertence. A partir de estados de fato que portam o nome da filosofia e a partir dos conceitos desses fatos, tal como eles se formaram na história da filosofia, foram deduzidos até aqui indutivamente os traços essenciais da filosofia. Eles remontam a uma função da filosofia como um estado de coisas na sociedade. E, por meio desse estado de coisas, encontramos todas as pessoas filosofantes ligadas no nexo interno da história da filosofia. Em formas intermediárias multifacetadas, então, a filosofia veio à tona no âmbito da religião, da reflexão sobre a vida, da literatura e da poesia. Essas induções a partir do estado de fato histórico obtêm sua ratificação e sua ligação com o conhecimento conclusivo da essência da filosofia, na medida em que a filosofia é inserida na ordem do nexo, no qual ela exerce sua função: assim, seu conceito é consumado pela apresentação de sua relação com os conceitos supraordenados e os coordenados.

I. Inserção da função da filosofia no nexo da vida psíquica da sociedade e da história

1 Posição na estrutura da vida psíquica

Sempre compreendemos traços historicamente dados apenas a partir da interioridade da vida psíquica. A ciência, que descreve e analisa essa interioridade, é a psicologia descritiva. Por isto, ela também apreende a função da filosofia como consistindo na administração da vida espiritual por assim dizer desde dentro e a determina em sua relação com as realizações espirituais mais proximamente aparentadas. Pois os conceitos, aos quais o conceito da filosofia pertence, têm como seu conteúdo a ligação interna entre as características, que representam, com base na posse do vivenciado e da pós--compreensão de outros, um nexo real; em contrapartida, a ciência natural teórica não faz outra coisa senão constatar elementos comuns junto aos fenômenos dados nos sentidos.

Todos os produtos humanos emergem da vida psíquica e de suas relações com o mundo exterior. Uma vez que, então, a ciência busca por toda parte regularidades, mesmo o estudo dos produtos espirituais precisa partir das regularidades na vida psíquica. **Vida psíquica, regularidade da vida psíquica, dois tipos de tais regularidades.**
Essas regularidades são de dois tipos. A vida psíquica mostra uniformidades, que podem ser constatadas junto às transformações que ocorrem nela. Em relação a essas transformações, nós nos comportamos de maneira semelhante à que assumimos ante a natureza exterior. A ciência a constata, na medida em que ela destaca das vivências compostas processos particulares e descobre indutivamente regularidades nesses processos. Assim, conhecemos os processos da associação, da reprodução ou da apercepção. Cada transformação é aqui um caso, que se encontra na relação de subordinação às uniformidades. Elas formam um lado do fundamento explicativo psicológico para os produtos espirituais: assim, os processos de formação peculiares, nos quais as percepções se convertem em imagens da fantasia, contêm uma parte dos fundamentos explicativos para o mito, a saga, a lenda e a criação artística. Os processos da vida psíquica, porém, ainda não são ligados uns aos outros por meio de outro tipo de ligação. Como partes, eles são unidos no nexo da vida psíquica. Denomino esse nexo a estrutura psíquica. Ela é a ordem, segundo a qual fatos psíquicos de uma constituição diversa estão unidos uns com os outros na vida psíquica desenvolvida por meio de uma ligação interna vivenciável. A forma fundamental desse nexo psíquico é determinada pelo fato de que toda vida psíquica se encontra condicionada por seu meio e, retroativamente,

Segunda Parte – A essência da filosofia compreendida...

exerce um efeito consonante a fins sobre esse meio. Sensações são evocadas e representam a multiplicidade das causas exteriores; estimulado pela relação dessas causas com a nossa vida própria, tal como ela se exprime no sentimento, nós voltamos nosso interesse para essas impressões, nós apercebemos, diferenciamos, unimos, julgamos e concluímos; sob a influência do conceber objetivo surgem, com base na multiplicidade de sentimentos, avaliações cada vez mais corretas do valor dos momentos vitais e das causas exteriores para a vida própria e para o sistema de seus impulsos: guiados por essas avaliações, nós mudamos, por meio de ações volitivas conforme a fins, a constituição do meio ou adaptamos os próprios processos vitais por meio da atividade interior da vontade às nossas necessidades. E em seu nexo, percepção, memória, processo de pensamento, impulso, sentimento, desejo, ação volitiva encontram-se entrelaçados da maneira mais múltipla possível entre si. Cada vivência, preenchendo um momento de nossa existência, é composta.

A estrutura da vida psíquica. O nexo estrutural psíquico tem um caráter teleológico. Onde a unidade psíquica experimenta com prazer e dor o elemento que lhe é valioso, ela reage em atenção, escolha das impressões e elaboração das mesmas, em aspiração, ação volitiva, seleção entre suas metas, busca dos meios para seus fins.

Apreensão objetiva e conhecimento da realidade efetiva. Assim, já no interior da apreensão objetiva se faz valer uma aspiração a um fim: as formas da representação de uma realidade efetiva qualquer formam níveis em um nexo final, no qual o elemento objetivo alcança uma representação cada vez mais plena e consciente. Esse modo de comportamento, no qual concebemos o vivenciado e dado, gera nossa imagem de mundo, nossos conceitos de realidade efetiva, as ciências particulares, nas quais o conhecimento dessa realidade efetiva se distribui – e, com isso, o nexo final do conhecimento da realidade efetiva. – Em cada posição desse processo atuam impulso e sentimento. Nesses se acha o ponto central de nossa es-

Sentimento, determinação sentimental e experiência de vida.

trutura psíquica; todas as profundezas de nossa essência são movidas a partir daí. Nós buscamos uma situação de nosso sentimento vital, que silencia de algum modo nossos desejos. A vida encontra-se em uma aproximação constante em relação a essa meta: ora ela parece ter captado tal meta, ora ela se distancia uma vez mais dela. Só as experiências progressivas ensinam a todo e qualquer particular em que consiste o elemento duradouramente valioso para ele. O trabalho principal da vida é, segundo esse aspecto, atravessar as ilusões e chegar ao conhecimento daquilo que nos é verdadeiramente valoroso. O nexo dos processos, no qual nós colocamos à prova os valores vitais e os valores das coisas, eu denomino experiência de vida. Essa experiência pressupõe um conhecimento daquilo que é – de acordo com isso, nossa apreensão objetiva, e, por ela, nossas ações volitivas, cuja finalidade mais imediata está dirigida para transformações lá fora ou em nós mesmos, podem ser ao mesmo tempo meios para a fixação dos valores de nossos momentos vitais tanto quanto das coisas exteriores – caso nosso interesse se dirija para aí. Por meio do conhecimento humano, da história, da poesia ampliam-se os meios da experiência de vida e seu horizonte. E mesmo nesta região, nossa vida só pode alcançar sua segurança por meio da elevação ao nível de um saber universalmente válido. Será que esse saber poderá um dia responder à questão acerca do incondicionadamente valioso? – Um terceiro e último nexo, no qual aspiramos a guiar e a ordenar a nós mesmos, as coisas, os homens e a sociedade por meio de nos-
Vontade, finalidade e regra.
sas ações volitivas, está fundado na consciência de valores da vida. Dele fazem parte metas, bens, compromissos, regras da vida e todo o trabalho descomunal de nosso agir prático no Direito, na Economia, na regulamentação da sociedade, no domínio sobre a natureza. Mesmo nesse modo de comportamento, a consciência prossegue em direção a formas cada vez mais elevadas. Nós procuramos, então, como a forma derradeira, suprema, um agir com base em um saber universalmente válido; e surge, então, uma vez mais a questão de saber até que ponto essa meta é alcançável.

Segunda Parte – A essência da filosofia compreendida... 55

Desenvolvimento psíquico. Um ser, no qual uma consequência é estabelecida, que está dirigido de um modo qualquer para os valores vitais exigidos nos impulsos, um ser que atua na diferenciação das realizações e em sua relação interna alternante com essa meta – desenvolver-se-á. Assim, emerge da estrutura da vida psíquica o seu desenvolvimento. Cada momento, cada época de nossa vida, tem um valor autônomo em si, na medida em que suas condições particulares tornam possível um tipo determinado de satisfação e de preenchimento de nossa existência; ao mesmo tempo, porém, todos os níveis da vida estão ligados uns com os outros em uma história do desenvolvimento, na medida em que aspiramos, no avanço do tempo, a atingir um desdobramento mais rico dos valores vitais, uma figura cada vez mais firme e mais elevadamente formada da vida psíquica. E aqui também se mostra uma vez mais a mesma relação fundamental entre vida e saber: na elevação da consciência, no alçar de nosso fazer ao nível de um saber válido, plenamente fundamentado, reside uma condição essencial para a figura firme de nosso interior.

Inserção da função da filosofia na estrutura psíquica. Esse nexo interno ensina como é que a função empiricamente constatada da filosofia proveio das propriedades fundamentais da vida psíquica com uma necessidade interior. Caso se imagine um indivíduo, que estivesse totalmente isolado e, além disto, livre das barreiras temporais da vida particular, então ocorrerá nesta concepção da realidade efetiva uma vivência dos valores, a realização dos bens segundo regras da vida: uma meditação sobre seu fazer precisa surgir nele, e ela se consumará em um saber universalmente válido sobre ele. E, assim como nas profundezas dessa estrutura uma concepção da realidade efetiva, uma experiência sentimental interior dos valores e a realização das metas vitais estão ligadas umas às outras, precisar-se-á aspirar a apreender esse nexo interior em um saber universalmente válido. O que se encontra junto nas profundezas da estrutura, o conhecimento do mundo, a experiência de vida e os princípios do agir, também precisa ser levado a uma unificação qualquer na consciência pensante. Assim, surge nesse indivíduo a filosofia. A filosofia está estabelecida na estrutura do homem, cada um, não importa em que posição ele se encontre, está compreendido em alguma aproximação em relação a ela, e toda e qualquer realização humana tende a alcançar a meditação filosófica.

2 A estrutura da sociedade e a posição de religião, arte e filosofia nela

O homem particular é uma mera abstração. Parentescos de sangue, convivência local, ação conjunta na realização do trabalho [em concorrência e em trabalho conjunto, os múltiplos nexos, que provêm da perseguição de fins], relação de poder em domínio e obediência tornam o indivíduo o elo da sociedade. Como, então, essa sociedade é constituída de indivíduos estruturados, atuam nela as mesmas regularidades estruturais. A conformidade a fins subjetiva e imanente nos indivíduos manifesta-se na história como desenvolvimento. As regularidades se transformam em tais regularidades da vida social. A diferenciação e a relação mais elevada das realizações diferenciadas umas em ligação com as outras no indivíduo assumem na sociedade, enquanto divisão do trabalho, formas mais firmes e mais efetivas. O desenvolvimento torna-se irrestrito por meio do encadeamento dos sexos: pois os produtos de todo e qualquer tipo de trabalho continua existindo como a base para sempre novas gerações; o trabalho espiritual se difunde constantemente em termos espaciais, dirigido pela consciência da solidariedade e do progresso: assim, surgem a continuidade do trabalho social, o crescimento da energia espiritual empregada nela e a divisão crescente das realizações do trabalho. Esses momentos racionais, que atuam na vida da sociedade e que são conhecidos pela psicologia social, encontram-se sob condições, nas quais se baseia a essência mais própria da existência histórica; raça, clima, condições de vida, desenvolvimento corporativo e político, a peculia-

A estrutura social e as regularidades dos processos no interior da sociedade.

Filosofia, um nexo final na sociedade. Sistema cultural.

Segunda Parte – A essência da filosofia compreendida...

ridade pessoal dos indivíduos e de seus grupos dá a cada produto espiritual o seu caráter particular; mas em toda essa multiplicidade emerge, de qualquer modo, a partir da estrutura sempre igual da vida, os mesmos nexos, que eu designo como sistemas da cultura: só que em diversas modificações históricas. A filosofia pode ser determinada agora como um desses sistemas culturais da sociedade humana. Pois na justaposição das pessoas e na sequência das gerações estão ligados em um nexo final aqueles, nos quais está contida a função de se colocar por meio de conceitos universalmente válidos em relação com o enigma do mundo e da vida. A tarefa a partir de agora, portanto, é determinar o lugar desse sistema cultural na administração da realidade efetiva.

O nexo final da apreensão objetiva [as ciências particulares] e as ações volitivas [as ordenações vitais]. No conhecimento da realidade efetiva encadeiam-se as experiências das gerações com base na homogeneidade do pensar e da identidade do mundo de nós independente. Assim como esse conhecimento está compreendido em uma ampliação constante, ele se diferencia no número crescente de ciências particulares, e permanece, de qualquer modo, a ligação que unifica todas elas com a realidade efetiva una e com a exigência que lhes é comum da validade universal de seu saber. Assim, a cultura de nossa espécie tem nessas ciências particulares a sua base firme, onivinculadora, diretriz que impele tudo a seguir em frente.

A cultura humana estende-se desde esse grande sistema até a quintessência daqueles seus sistemas, nos quais as ações volitivas se sintetizaram e se diferenciaram. Pois mesmo as ações volitivas dos indivíduos estão ligadas em nexos, que se mantêm em meio à mudança das gerações. As regularidades nas esferas particulares do agir, a mesmidade da realidade efetiva, com a qual esse agir se liga, a exigência da interpenetração das ações para a realização de certos fins produzem nexos finais de uma vida econômica, do direito e do domínio da natureza. Todo esse fazer é preenchido com valores vitais; alegria, elevação de nossa existência residem em tais atividades mesmas e são conquistadas a partir delas.

No entanto, para além dessa tensão da vontade, há de início um gozo com os valores vitais e com os valores das coisas, no qual descansamos dessa tensão: alegria de vida, sociabilidade e festa, brincadeira e chiste; este é, então, o ar, no qual a arte se desdobra, o ar cujo elemento mais próprio é demorar em uma região do livre jogo, na qual, de qualquer modo, o significado da vida se torna ao mesmo tempo visível. Um pensar romântico destacou muitas vezes o parentesco entre religião, arte e filosofia. O mesmo enigma do mundo e da vida encontra-se, sim, diante da poesia, da religião e da filosofia; uma relação aparentada com o nexo histórico-social de sua esfera vital está presente no homem religioso, no poeta e no filósofo; envolvidos por essa esfera, porém, eles são solitários: sua criação se eleva acima de todas as ordenações em torno deles e ganha uma região, na qual eles se acham totalmente sozinhos diante das forças das coisas, forças essas que atuam por toda parte – acima de todas as relações históricas em direção à lida atemporal com aquilo que sempre produz por toda parte vida. Eles temem os vínculos, com os quais os passados e as ordenações querem iludir a sua atividade criadora. Eles odeiam o abuso da personalidade por meio das comunidades, que medem seus membros segundo a sua necessidade de honra e de validade. Assim, uma diferença profunda cinde a ligação firmemente tensionada nas organizações exteriores, nos sistemas finais do saber ou naqueles sistemas do agir exterior da atuação conjunta nos nexos culturais de religião, poesia e filosofia. Os poetas, porém, são aqueles que vigem mais livremente. Mesmo as ligações firmes com a realidade efetiva se desatam em seu jogo com humores e figuras. Essas comunidades, então, entre religião, poesia e filosofia, por meio das quais elas se mostram como em si unidas e como cindidas das outras regiões vitais, baseiam-se, por fim, no fato de que o tensionamento da vontade em finalidades limitadas é aqui suspenso: o homem liberta-se

Posição comum de religião, arte e filosofia entre esses nexos finais.

Segunda Parte – A essência da filosofia compreendida...

dessa vinculação com o dado, determinado, na medida em que ele concentra sua atenção em si mesmo e no nexo das coisas; trata-se de um conhecimento que não tem por seu objeto esse ou aquele objeto restrito, um agir que não deve ser realizado em uma determinada posição do nexo final. O posicionamento do olhar e da intenção para o interior do isolado, determinado segundo lugar e tempo, dissolveria a totalidade de nossa essência, a consciência de nosso valor próprio, de nossa independência em relação ao encadeamento segundo causas e efeitos, da vinculação a um lugar e a um tempo: se não permanecesse sempre uma vez mais aberto para o homem o reino da religião, da poesia e da filosofia, no qual ele se encontra redimido de sua restrição. As intuições, nas quais ele vive aqui, precisam sempre abranger de algum modo as ligações entre realidade efetiva, valor e ideal, finalidade e regra. Intuições: pois o elemento criador da religião reside sempre em uma concepção do nexo efetivo, em relação ao qual o indivíduo se comporta. Poesia é sempre exposição de um acontecimento, apreendido em sua significância; e da filosofia é naturalmente evidente que seu comportamento conceitual, sistemático pertence ao comportamento objetivo. A poesia, então, permanece na região de sentimento e intuição, uma vez que ela não apenas exclui de si toda e qualquer determinação final limitada, mas também o comportamento volitivo mesmo. Em contrapartida, a seriedade terrível da religião e da filosofia reside no fato de elas quererem apreender em sua profundidade objetiva o nexo interior, que vai, na estrutura de nossa alma, da apreensão da realidade efetiva até o estabelecimento de finalidades, querendo ao mesmo tempo configurar a partir dessa profundidade mesma a vida. Assim, elas se tornam uma meditação responsável sobre a vida, que é justamente essa totalidade; elas se tornam, precisamente na boa consciência de sua veracidade, forças alegremente dispostas para agir, forças da configuração da vida. Intimamente aparentadas, tal como elas assim o são, elas precisam, justamente porque possuem a mesma intenção de configuração da vida, combater até à luta pela existência. A perspicácia profunda do ânimo e a validade universal do pensar conceitual lutam uma com a outra nelas.

Religião, arte e filosofia são, assim, por assim dizer instauradas nos nexos inexoravelmente firmes das ciências particulares e das ordens do agir social. Elas encontram-se, com isto, aparentadas entre si e, de qualquer modo, alheias entre si segundo o seu comportamento espiritual, nas mais estranhas relações. São essas relações que precisamos agora apreender. Isto reconduz ao modo como, no espírito humano, se acha o ímpeto para a visão de mundo e como a filosofia aspira a fundamentar essa visão de mundo de modo universalmente válido. Em seguida, então, abrir-se-á o outro lado da filosofia, assim como, a partir dos conceitos e ciências desenvolvidos na vida, se tornará efetiva a função filosófica da generalização e da união.

II. Doutrina da visão de mundo – Religião e poesia em suas relações com a filosofia

Religião, arte e filosofia possuem uma forma fundamental em comum, que remonta à estrutura da vida psíquica. Em cada momento de nossa existência há uma relação de nossa vida própria com o mundo, que nos envolve como um todo intuitivo. Nós sentimos a nós mesmos, o valor vital do momento particular e os valores efetivos das coisas sobre nós, mas isto em relação com o mundo objetivo. No progresso da reflexão, mantém-se a ligação da experiência sobre a vida e o desenvolvimento da imagem de mundo. Valor vital pressupõe conhecimento daquilo que é. Do mesmo modo, a realidade efetiva entra em cena sob as iluminações alternantes da vida interior. Nada é mais fugidio, mais tenro, mais mutável do que a tonalidade afetiva do homem em face do nexo das coisas. Documentos de tal tonalidade são aqueles poemas amorosos, que articulam com uma imagem natural a expressão da vida interior. E constantemente se alteram em nós, como sombras de nuvens que passam sobre o campo, concepção e avaliação da vida. O religioso, o artista e o filósofo diferenciam-se, então, das dúzias de homens, sim, mesmo dos gênios de outro tipo, por meio do fato de que eles retêm tais momentos vitais na memória, elevando seu con-

Formas elementares das mesmas.

Segunda Parte – A essência da filosofia compreendida...

teúdo ao nível da consciência e unificando as experiências particulares em uma experiência geral sobre a vida mesma. Com isto, eles preenchem uma função significativa, não para si apenas, mas também para a sociedade.

Sua alternância. Assim, todas as interpretações em conjunto da realidade efetiva se agigantam: as visões de mundo. Assim como uma frase tem um sentido ou um significado e o expressa, essas interpretações também poderiam exprimir o sentido e o significado do mundo! O quão alternantes, porém, já não são em cada indivíduo particular essas interpretações! Paulatina ou abruptamente, elas alteram-se sob o efeito das experiências. As épocas da vida humana atravessam em um desenvolvimento típico, tal como Goethe viu, diversas visões de mundo. Tempo e lugar condicionam a sua multiplicidade. Assim como uma vegetação com inúmeras formas recobrem visões da vida, uma expressão artística de uma compreensão de mundo, dogmas religiosamente determinados, fórmulas dos filósofos recobrem a terra. Entre elas parece haver, como junto às plantas no solo, uma contenda pela existência e pelo espaço. Aí conquistam, então, algumas delas em particular, sustentadas pela grandeza una da pessoa, poder sobre os **Consolidação.** homens. Santos querem reviver a vida e a morte de Cristo, longas séries de artistas veem o homem com os olhos de Rafael, o idealismo da liberdade de Kant arrebata e arrasta consigo Schiller, Fichte, sim, a maioria das pessoas efetivas da geração seguinte. O escorregar e o oscilar dos processos psíquicos, o elemento casual e particular no conteúdo dos momentos vitais, o incerto e alternante na concepção, na valoração e no estabelecimento de finalidades, essa desgraça interior da consciência ingênua tão equivocadamente incensada por Rousseau e por Nietzsche: tudo isso é superado. A mera forma do comportamento religioso, artístico, filosófico traz consigo firmeza e tranquilidade, assim como cria um nexo que une o gênio religioso com o crente, o mestre com os discípulos, a personalidade filosófica com aqueles que se encontram sob o seu poder.

Assim, esclarece-se o que é preciso compreender pelo enigma do mundo e da vida como o objeto comum entre religião, filosofia e poesia. **A estrutura da visão de mundo.** Na estrutura da visão de mundo está sempre contida uma ligação da experiência de vida com a imagem de mundo, uma ligação, a partir da qual pode ser deduzido constantemente um ideal de vida. A análise dos construtos mais elevados nessas três esferas da criação, assim como a ligação entre realidade efetiva, valor e determinação volitiva como estrutura da vida psíquica conduzem a essa intelecção. De acordo com isso, a estrutura da visão de mundo é um nexo, no qual componentes de uma proveniência diversa e de um caráter diverso são unidos. A diferença fundamental entre esses componentes remonta à diferenciação da vida psíquica, que foi designada como sua estrutura. O emprego da expressão visão de mundo para um construto espiritual, que inclui conhecimento do mundo, ideal, regulamentação e determinação suprema do fim, justifica-se pelo fato de nunca estar estabelecido nela a intenção de determinadas ações, e de, com isso, ela nunca envolver um comportamento prático determinado.

O problema da relação da filosofia com a religião e a poesia pode, então, ser reconduzido à questão acerca das ligações que são obtidas a partir da estrutura diversa da visão de mundo nessas suas três formas. Pois elas só entram em uma ligação interna, quando preparam ou contêm uma visão de mundo. Assim como o botânico ordena as plantas em classes e investiga a lei de seu crescimento, aquele que decompõe a filosofia precisa buscar os tipos de visão de mundo e reconhecer a sua conformidade a leis em sua formação. Tal modo de consideração comparativo alça o espírito humano acima **A doutrina da visão de mundo.** da cautela fundada em sua condicionalidade de ter de captar a própria verdade em uma dessas visões de mundo. Assim como a objetividade do grande historiógrafo não procura se assenhorear dos ideais dos tempos particulares, o filósofo da consciência contemplativa mesma, que submete a si os objetos, precisa conceber comparativa e historicamente e, com

Segunda Parte – A essência da filosofia compreendida... 63

isso, assumir todos os seus pontos de vista acima deles. Neste sentido, consuma-se nele a historicidade da consciência.

A visão de mundo religiosa é, então, segundo sua estrutura, diversa da visão de mundo poética e essa visão de mundo poética, por sua vez, é diversa da filosófica. A isso corresponde uma diversidade na disposição dos tipos da visão de mundo no interior desses três sistemas culturais. E, a partir da diversidade fundamental da visão de mundo filosófica em relação à religiosa e à poética obtém-se a possibilidade da transição de uma visão de mundo da forma religiosa ou artística para a filosófica e vice-versa. O elemento preponderante da transição para a forma filosófica está fundado na tendência psíquica de dar ao seu fazer firmeza e nexo, o que só é alcançado finalmente no pensar universalmente válido. Assim, surgem as questões: Em que consiste a peculiaridade da estrutura dessas formas diversas? Segundo que relações legais a visão de mundo religiosa ou poética se transforma na filosófica? No limite dessa investigação nos aproximaremos do problema universal, para cujo tratamento não há aqui espaço algum: nós nos aproximaremos da questão acerca das relações legais, que determinam a variabilidade na estrutura e a multiplicidade dos tipos de visão de mundo. O método também precisa ser aqui de tal modo que, de início, a experiência histórica seja inquirida e, então, o estado de coisa que reside nela seja inserido na ordem da legalidade psíquica.

1 A visão de mundo religiosa e suas ligações com a filosófica

O conceito de religião. O conceito de religião pertence à mesma classe que o de filosofia. Ele designa de início um estado de coisas, que retorna em indivíduos ligados socialmente uns aos outros como um conteúdo parcial de sua vida. E como esse estado de coisas coloca os indivíduos, aos quais ele pertence uniformemente, em ligações internas uns com os outros e os unifica em um nexo: o conceito de religião designa ao mesmo tempo um nexo, que articula os indivíduos religiosamente determinados como membros em um todo. A determinação conceitual está submetida aqui à mesma dificuldade, que se mostrou em relação à filosofia. A abrangência dos fatos religiosos precisaria ser constatada segundo a nomeação e copertinência, a fim de poder deduzir o conceito essencial a partir dos fatos que se encontram sob essa abrangência. Nessa posição, o procedimento metodológico, que resolve aqui as dificuldades, não pode ser ele mesmo apresentado, mas apenas seus resultados é que podem ser usados para a decomposição da visão de mundo religiosa.

Uma visão de mundo é religiosa, na medida em que ela tem sua origem em um tipo determinado de experiência, que está fundamentado no processo religioso. Onde quer que o nome religião entre em cena, esse nome tem por sua característica o trânsito com o invisível: pois esse trânsito se encontra tanto em seus estágios primitivos quanto naquelas ramificações últimas de seu desenvolvimento, nas quais esse trânsito não consiste mais senão na ligação interna das ações com um ideal que ultrapassa tudo o que é empírico e, assim, que possibilita a relação religiosa, quanto, ainda, no comportamento da alma com o nexo divino das coisas, nexo esse que lhe é aparentado. Por meio desse trânsito, a religião se desenvolve na história de suas formas em direção a um nexo estrutural diferenciado cada vez mais abrangente e perfeito. O comportamento no qual isso acontece e que precisa conter de acordo com isso o fundamento produtor de todas as intuições religiosas, assim como o fundamento do conhecimento para toda e qualquer verdade religiosa, é a experiência religiosa. Essa experiência é uma forma da experiência de vida, mas tem seu caráter específico no fato de que ela se mostra como a meditação que acompanha os processos do trânsito com o invisível. Se a experiência de vida é uma automeditação, que progride junto às vivências, sobre os valores vitais, os valores efetivos das coisas e as metas supremas que fluem daí tanto quanto as regras supremas de nosso agir, então o peculiar da experiência religiosa de vida reside no fato de que ela, onde quer que a religiosidade se alce ao nível de uma plena consciência, experimenta no trânsito com o invisível o valor vital supremo e incondicionadamente válido, assim

Segunda Parte – A essência da filosofia compreendida... 65

como, no objeto invisível desse trânsito, o valor efetivo supremo incondicionadamente válido, aquilo de que parte toda felicidade e toda bem-aventurança: de onde se obtém também, então, o fato de que, a partir desse invisível, todas as metas e regras do agir precisam ser determinadas. Por meio daí, então, é que o elemento diferenciador na estrutura da visão de mundo religiosa precisa ser condicionado. Ela tem seu ponto central na vivência religiosa, na qual a totalidade da vida psíquica é efetiva: a experiência religiosa fundada nele determina cada componente da visão de mundo; todas as intuições sobre o nexo do mundo emergem, na medida em que se as consideram isoladamente a partir desse trânsito e precisam apreender esse nexo, de acordo com isto, como uma força, que se encontra em relação com nossa vida, e, em verdade, como uma força psíquica, uma vez que só uma força desse gênero torna possível tal trânsito. O ideal da vida, isto é, a ordem interna de seus valores, precisa ser determinada por meio da relação religiosa: finalmente, a partir dele, precisa se dar a regra suprema para a relação dos homens entre si.

Por meio do modo diverso, que esse trânsito religioso, a experiência religiosa e a consciência dela podem assumir, destacam-se as formas e os níveis históricos, nos quais a visão de mundo religiosa se conforma.

Primeiro tipo de trânsito com o invisível. Na religião mais antiga que nos é acessível, encontramos constantemente ligadas entre si uma fé e uma práxis. Pois como quer que a crença em forças vivas, volitivamente efetivas em torno do homem, possa ter surgido: nós encontramos a formação constante dessa fé, até o ponto em que nós a podemos constatar na etnologia e na história, determinada pelo modo, segundo o qual os objetos religiosos mantêm sua figura justamente por meio da ação sobre ela; e, por outro lado, a fé também determina uma vez mais o culto, uma vez que o agir religioso só obtém nele a sua meta. Para os povos naturais, religião é a técnica de influenciar o intangível, o inacessível à transformação meramente mecânica, a acolher em si suas forças, a se unificar com ele, a entrar em uma relação desejada com ele. Tais ações religiosas são levadas a termo pelo particular, pelo chefe ou pelo sacerdote mágico. Assim, forma-se uma classe profissional para a sua manipulação. No começo daquela diferenciação das profissões masculinas, surge esse *métier* sinistro, de maneira alguma particularmente respeitado, mas de qualquer modo considerado ora com pudor temeroso, ora com um pudor cheio de expectativas: o *métier* do mágico, do homem de medicina ou do sacerdote. A partir dele se forma paulatinamente uma classe ordenada, ela se torna sustentadora de toda a relação religiosa, de uma técnica de ações, perdas e purificações mágicas, e ela é e continua sendo a detentora do saber, até que se destaca uma ciência autônoma. Ela precisa se libertar de suas privações e se dispor para o Deus, ela precisa conservar sua relação com o invisível por meio de renúncias, que o destacam em sua sacralidade e dignidade de todas as outras pessoas: este é o primeiro tipo restrito, no qual o ideal religioso se prepara.

A partir desse trânsito com o invisível, que está dirigido para a aquisição de bens e para evitar os males e que é mediado por pessoas determinadas, desenvolvem-se as **As ideias religiosas primitivas.** ideias religiosas primitivas no interior dessa camada da religiosidade. Elas se reportam à representação mítica e à sua legalidade interior. Já reside na vitalidade originária e na totalidade do homem o fato de ele, em todas as suas ligações com o mundo exterior, experimentar manifestações de algo vivente, e de esse algo vivente ser o pressuposto universal de uma lida religiosa. A técnica das ações religiosas precisou intensificar essa forma da apreensão. Apesar de terem se mostrado como subjetivas, alternantes, múltiplas, essas experiências obtiveram de qualquer modo em cada horda ou em cada família uniformidade por meio da comunhão da experiência religiosa, e elas conquistaram segurança por meio da lógica própria dessa experiência religiosa que transcorre segundo o fio condutor da analogia. Onde nenhuma comparação dotada de evidência científica ainda se oferecia, tal segurança da crença e tal concordância podiam muito mais facilmente se formar nessas hordas e famílias. Onde o sonho, a visão, os estados nervosos anormais de todo tipo se esten-

Segunda Parte – A essência da filosofia compreendida...

diam até o cerne da vida diurna como um milagre, a lógica religiosa obteve neles um material empírico, que era particularmente apropriado para atestar as influências do invisível. A força sugestiva dos conteúdos de fé, sua confirmação mútua, que prosseguia segundo a mesma lógica religiosa como essa sua primeira constatação; em seguida, o reconhecimento por assim dizer experimental, que veio do efeito comprovado de um fetiche, de uma manipulação do ilusionista, exatamente como nós hoje vemos a força de uma imagem da graça colocada à prova por meio dos doentes e fixada em ilustrações e relatos dos lugares de peregrinação para onde vão as massas de testemunhas; e, em seguida, mesmo as ações dos mágicos, dos sacerdotes do oráculo, os monges, que falam sobre movimentos violentos e estados extraordinários, evocados por meio do jejum, da música barulhenta, da embriaguez de um tipo qualquer – tudo isto fortaleceu o tipo religioso de certeza. O essencial, porém, era o fato de que, no primeiro nível cultural que nos é acessível, segundo a natureza do homem de outrora e segundo suas condições vitais, a fé religiosa a partir de vivências por toda parte iguais, efetivas, de nascimento, morte, doença, sonho, loucura, desenvolveu suas *ideias religiosas primitivas*, que retornam, por isto, por toda parte na mesma medida. Em todo e qualquer corpo animado habita um segundo eu, a alma (também, certamente, pensada como maioria), que o abandona temporariamente, que se afasta dele na morte e é capaz de efeitos múltiplos em sua existência sombria.

Surgimento da visão de mundo religiosa. Essas ideias religiosas primitivas formam a base da visão de mundo religiosa. Elas se transformam, elas crescem juntas e cada alteração no estado da cultura trabalha junto a esse desenvolvimento. No interior da reconfiguração paulatina da religiosidade, o momento decisivo para o progresso em direção a uma visão de mundo reside na alteração do trânsito com o invisível. Para além do culto oficial com seus templos, sacrifícios, cerimônias surge uma relação mais livre, esotérica da alma com o divino. Um círculo religiosamente nobre entra nessa relação particular com a divindade, ele se fecha aí ou ele permite também o acesso dos outros.

Nos mistérios, na vivência do eremita, na profecia, a nova relação se faz valer. No gênio religioso torna-se manifesto o poder misterioso da personalidade, graças à qual ela reúne o nexo de sua essência na apreensão do mundo, na valoração da vida e nas configurações de suas ordenações. As experiências religiosas e sua sedimentação de acordo com a representação entram por assim dizer em outro estado de agregado. A relação das pessoas religiosas com aqueles que se encontram sob o seu efeito recebe outra forma interior. Não são efeitos particulares que são experimentados ou tentados, mas o nexo da alma é que entra nesse trânsito interior. Essas grandes personalidades deixam de se encontrar sob o domínio violento de forças incompreensíveis, obscuramente naturais e a se idolatrar e sofrer junto à consciência secreta do abuso, da falsificação dessas forças. O risco, que se encontra velado nessa nova relação mais pura, é um outro, o risco da elevação da consciência por si mesma, que emerge do efeito sobre os crentes e recebe do trânsito com o invisível o caráter de uma relação particular com esse invisível. Entre as forças, porém, que partem dessa nova relação, uma das mais fortes é o fato de se preparar por meio da ligação interior, na qual todos os momentos do trânsito religioso e todos os lados de seu objeto entram uns com os outros, uma visão de mundo una. Por toda parte onde disposições e relações tornaram possível um desenvolvimento normal, formou-se uma visão de mundo religiosa, sem levar em conta durante quanto tempo essa transformação possa levantar uma pretensão no trânsito como invisível em diversas posições, em que se prosseguiu até ela, que estágios são percorridos; e, ao mesmo tempo, sem levar em conta se os nomes das personalidades religiosas são esquecidos.

A estrutura e o conteúdo da visão de mundo religiosa, tal como ela assim se conforma, são determinados pelo trânsito religioso e pela experiência que se forma nele. Por isto, mesmo com uma tenacidade rara, as ideias primitivas afirmam a sua força em uma mudança constante. A concepção de mundo, a doação de valor, o ideal

Estrutura e conteúdo da visão de mundo religiosa.

Segunda Parte – A essência da filosofia compreendida...

de vida obtêm, assim, na esfera religiosa a sua forma e a sua cor próprias.

A apreensão objetiva na visão de mundo religiosa. Nas experiências do trânsito religioso, o homem se encontra determinado por algo dinâmico, que é insondável e, no interior do nexo causal sensível, incontrolável. Ele é volitivo e anímico. Assim, surge a forma fundamental da apreensão religiosa, tal como ela se faz valer no mito, na ação, no culto, na veneração de objetos sensíveis e na interpretação alegórica dos escritos sagrados. O método do ver e do constatar religiosos, método esse fundado na fé na alma e no culto aos astros e desenvolvido no trânsito primitivo com o invisível, alcança aqui o nexo interno, que corresponde ao nível da visão de mundo. O entendimento não tem como conceber as suposições contidas nesse modo de ver, mas tem apenas como decompô-las. O particular e o visível têm em vista e significam aqui algo que é mais do que aquilo no que eles aparecem. Essa relação é diversa e, contudo, aparentada com o significado dos sinais, com a opinião no juízo, com o simbólico na arte. Reside nela uma representação de um tipo totalmente particular: pois, justamente segundo a relação de tudo o que aparece, de tudo o que é visível, com o invisível, uma coisa não significa senão a outra e, então, mostra-se equivalente a essa outra. [Trata-se da relação, na qual a imagem de mundo se encontra ante a divindade. A *força de efetivação* do invisível está aí.] Daí resulta o fato de que mesmo neste nível do trânsito interno com o invisível perdura o brilhar do invisível em meio ao particular visível, o produzir um efeito sobre esse, o oferecer-se do divino em pessoas e nos atos religiosos. E mesmo a unificação das divindades que está em conexão com esse nível só pôde superar duradouramente em uma parte menor dos povos e religiões esse traço da concepção religiosa. Por vias diversas, a síntese das forças divinas se realizou desde muito cedo em uma força suprema. Este processo tinha se imposto até por volta do ano 600 a.C. junto aos povos mais importantes do Leste. A unidade dos nomes, o domínio do deus mais forte ratificado na vitória, a unicidade do sagrado, a dissolução de todas as diferenças no objeto religioso, a intelecção da ordem unânime dos astros – esses e outros pontos de partida totalmente diversos uns dos outros levaram à doutrina do invisível uno. E assim como nos séculos, nos quais esse grande movimento se realizou junto aos povos do Leste, existia um trânsito extremamente vivo entre eles, não se pode duvidar de que esse trânsito também tenha sido profícuo para a preparação da maior ideia desses tempos. Mas cada uma dessas intuições da unidade que condiciona o mundo porta em si a marca de sua origem religiosa nas características de bens, na intelecção marcada pela previsão, na ligação com as necessidades humanas. E, na maioria delas, segundo a categoria fundamental da apreensão religiosa, o divino é envolto em forças, que residem no visível, ou ele precisa como deus aparecer na Terra, ele luta com potências violentas demoníacas, ele se revela em lugares sagrados ou em milagres, ele atua em ações do culto. A língua, na qual o trânsito religioso sobre o divino se manifesta, precisa ser por toda parte sensível-espiritual. Símbolos como luz, pureza, elevação são a expressão para os valores experimentados sentimentalmente na essência divina. A forma de concepção real conclusiva mais universal para o nexo divinamente condicionado das coisas é a concepção teleológica do mundo. Por detrás do nexo dos objetos externos, nele e acima dele existe um nexo espiritual, no qual a força divina se manifesta conforme a fins. Neste ponto, a visão de mundo religiosa passa para a visão de mundo filosófica. Pois o pensar metafísico foi predominantemente determinado de Anaxágoras a Tomás de Aquino e Duns Scotus pelo conceito do nexo mundano teleológico.

No trânsito interno com o invisível, a consciência vital ingênua experimenta uma virada. No grau em que a visão do gênio religioso está dirigida para o invisível, essa **Doação de valor e ideal na visão de mundo religiosa.** nostalgia consome todos os valores do mundo, na medida em que eles não servem à lida com deus. Assim, surge o ideal do sagrado e a técnica da ascese, que aspira a aniquilar o perecível, desejável, sensível no indivíduo. O pensar conceitual não está em condições de expressar a virada do sensível para o divino. Ela é designada na linguagem simbólica, que se es-

Segunda Parte – A essência da filosofia compreendida...

tende através de religiões totalmente diversas, como renascimento, enquanto sua meta é designada como a comunidade do amor das almas humanas com o ser divino.

Na esfera da ação volitiva e das ordens vitais surge, do mesmo modo, a partir do trânsito religioso interior, um novo momento, que se acrescenta à consagração das relações mundanas. Todos aqueles que se encontram na relação religiosa com a divindade estão ligados por meio daí em uma comunidade e essa comunidade é superior a qualquer outra, na medida em que o valor da ligação religiosa prepondera sobre as outras ordens vitais. A profundidade interior e a força das relações nessa comunidade encontraram na linguagem simbólica religiosa uma expressão própria: aqueles que se acham unidos na comunidade são designados como irmãos e sua relação com a divindade é denominada como a relação das criaturas de deus.

Tipos da visão de mundo religiosa. A partir desse caráter da visão de mundo religiosa, os tipos principais e suas ligações entre si são compreendidos. Evolução do universo, imanência da razão mundana nas ordens vitais e no curso da natureza, um todo-uno espiritual, por detrás de tudo o que é dividido, para o interior do qual a alma entrega sua essência própria, a dualidade da ordem boa, pura, divina, e da ordem demoníaca, o monoteísmo ético da liberdade – esses tipos fundamentais da visão de mundo religiosa captam todos o divino com base nas relações valorativas, que o trânsito religioso constata entre o humano e o divino, o sensível e o ético, a unidade e a pluralidade, as ordens da vida e o bem religioso. Nessas relações temos de reconhecer os estágios prévios das visões de mundo religiosas: eles se transformam em tipos da filosofia. Religião e mística antecedem em todos os povos, que progrediram até a filosofia parcial ou totalmente, à filosofia.

A visão de mundo religiosa converte-se na forma do pensar conceitual. Essa transformação está em conexão com uma transformação mais geral, que se realiza sob a forma da visão de mundo religiosa. As representações religiosas entram uma vez mais em um outro estado de agregação. A religião e a visão de mundo religiosa convertem-se paulatinamente – pois todas essas transformações acontecem lentamente – na forma do pensar conceitual. Não como se sua forma conceitual reprimisse a forma intuitiva. Ao contrário, os tipos inferiores do trânsito religioso também subsistem ao lado dos tipos superiores: eles se conservam em toda e qualquer religião mais desenvolvida como a sua camada mais baixa. A magia no procedimento religioso, a escravidão em relação aos sacerdotes dotados de uma força mágica, a fé sensível mais tosca de todas no efeito dos lugares e das imagens religiosos perduram na mesma religião, na mesma confissão, ao lado da mística perspicaz, que emerge da interioridade extremamente elevada do trânsito religioso. Do mesmo modo, então, a escrita imagética do simbolismo religioso mantém sua validade ao lado da formação conceitual teológica. Mas se os níveis do trânsito religioso se comportavam uns em relação aos outros como mais elevados e mais baixos, então tal relação não subsiste entre as modificações múltiplas sob a forma da visão de mundo religiosa. Pois o que reside agora na natureza das vivências e das experiências religiosas é o seguinte: elas gostariam de se assegurar de sua validade objetiva, e só em um pensamento conceitual essa meta poderia ser alcançada. Nesse trabalho conceitual mesmo, porém, vem à tona sua completa insuficiência para tal empreendimento.

Esses processos podem ser estudados da maneira mais minuciosa possível junto à religiosidade indiana e junto à religiosidade cristã. Na *filosofia* vedanta e na filosofia tanto de Alberto quanto de Tomás realizou-se uma transformação. Aqui como lá, porém, mostrou-se a impossibilidade de superar as barreiras internas fundadas no comportamento religioso particular. A partir do comportamento particular das pessoas religiosas que, porém, tinham seus pressupostos em um círculo de dogmas mais antigos, emergiu lá a intuição do destacar-se do encadeamento de nascimento, obras, retribuição e viandança pelo saber, no qual a alma apreende sua identidade com o brâmane. Assim, sur-

Segunda Parte – A essência da filosofia compreendida... 73

giu a contradição entre a realidade terrível, na qual o dogma concebeu o círculo inevitável de agentes, ação e sofrimento, e o ser aparente de tudo o que é dividido e que a doutrina metafísica exigia. O *cristianismo* apresentou-se em primeiro lugar em dogmas de primeiro grau. Criação, pecado original, revelação de Deus, comunidade dos cristãos com Deus, redenção, sacrifício, satisfação. Tanto esses símbolos religiosos quanto suas ligações entre si pertencem a uma região totalmente diversa da região do entendimento. Uma necessidade interna o impeliu, então, porém, a ir além, esclarecendo o conteúdo desses dogmas e destacando a intuição neles contida de coisas divinas e humanas. Não se faz jus à história do cristianismo, quando se considera o acolhimento dos teoremas da filosofia greco-cristã apenas como um destino exterior, que lhe teria sido imposto por seu entorno: ele foi ao mesmo tempo uma necessidade interior que tinha por base as leis de formação da própria religiosidade. Na medida, então, em que os dogmas são inseridos na ordem das categorias do nexo mundano, surgem os dogmas de segundo grau: a doutrina das propriedades de Deus, da natureza de Cristo, do processo da vida cristã no homem. E aqui a interioridade da religião cristã decai, então, em um destino trágico. Esses conceitos isolam os momentos da vida, colocando-os uns contra os outros. Assim, surge a contenda indissolúvel entre a infinitude de Deus e suas propriedades, entre essas propriedades entre si, o divino e o humano no Cristo, a liberdade da vontade e a escolha da graça, a reconciliação por meio do sacrifício de Cristo e nossa natureza ética. A escolástica empenha-se em vão junto a essa contenda, o racionalismo decompõe por meio dela o dogma, enquanto a mística retrocede para o interior das primeiras linhas de uma doutrina da certeza religiosa. E se, então, a partir de Alberto, a escolástica é levada adiante, convertendo a visão de mundo religiosa em uma visão de mundo filosófica e liberando-a da outra esfera dos dogmas positivos, então ela também não pode, assim, superar as barreiras que estavam dadas no trânsito cristão com Deus: as propriedades estabelecidas nesse trânsito permanecem incompatíveis com a sua infinitude e a determinação do homem por meio dele com sua liberdade. A mesma impossibilidade de uma conversão da visão de mundo religiosa na visão de mundo filosófica mostra-se por toda parte, em que esta tentativa foi feita. A filosofia surgiu na Grécia, onde pessoas totalmente independentes se dedicaram diretamente ao conhecimento do mundo em um saber universalmente válido. E esse saber foi reproduzido junto aos povos modernos por meio de pesquisadores, que se colocaram, independentemente das ordenações eclesiásticas, o mesmo problema do conhecimento do mundo. As duas vezes, esse conhecimento surgiu em conexão com as ciências, ele se baseava na constituição do conhecimento do mundo em um aparato fixo de nexos causais em oposição às valorações do mundo por parte da religião. Um comportamento interior transformado faz-se claramente valer nela.

Início relativamente independente da filosofia junto aos povos antigos e modernos.

A partir dessa análise vem à tona em que características a visão de mundo religiosa possui a mesma forma que a filosofia, assim como em que ela se distingue da filosofia. A estrutura das duas é em seus grandes traços a mesma. Há a mesma ligação interna entre concepção da realidade efetiva, valoração, estabelecimento de finalidades aqui como lá. O mesmo nexo interno, no qual, assim, a personalidade se sintetiza em si e se firma. E, do mesmo modo, está contida na apreensão objetiva a força para configurar a vida pessoal e as ordenações sociais. As duas estão tão próximas uma da outra, são tão aparentadas uma da outra, tão consonantes em relação à região que elas querem dominar, que elas se chocam uma com a outra por toda parte. Pois sua relação com o enigma do mundo e da vida, tal como se encontra estendido diante das duas, é, em contrapartida, totalmente diverso – tão diverso quanto o trânsito religioso e a ampla relação com todos os tipos de realidade efetiva, tão diverso quanto a experiência religiosa estabelecida em sua direção, segura de si, que eleva todo fazer e todo comportamento internos de maneira homogênea e serena ao nível da circunspecção. Lá, a grande vivência de um valor incondicionado, infinito e objetivo, ao qual se encontram subordinados

Concordância e diferença entre os dois tipos de visão de mundo.

Segunda Parte – A essência da filosofia compreendida...

todos os valores finitos, a grande vivência do valor vital infinito do trânsito com esse objeto invisível determina toda a concepção objetiva e o conjunto do estabelecimento de fins: a consciência transcendente de um ser espiritual é ela mesma apenas a projeção da maior vivência religiosa, na qual o homem apreende a independência de sua vontade em relação ao nexo total da natureza; a coloração dessa origem da visão de mundo religiosa comunica-se a cada um de seus traços característicos: a forma fundamental do ver e do constatar, que é dada por meio daí, vigora misteriosamente, perigosamente, insuperavelmente em cada construto religioso. Aqui, em contrapartida, temos um equilíbrio tranquilo nos modos de comportamento psíquicos, um reconhecimento daquilo que cada um deles produz, uma utilização de acordo com isso das ciências particulares e uma alegria com as ordens vitais mundanas, ainda que vigore em tudo isso um trabalho que nunca tem fim de encontrar entre todos esses elementos um nexo universalmente válido – e uma experiência sempre crescente de limites do conhecimento, de impossibilidade de uma articulação objetiva do que é dado nos modos de comportamento diversos.

As relações históricas entre elas. Tendências de conversão. Assim, surgem as relações históricas entre esses dois tipos de visão de mundo, que foram constatadas em meio à nomeação, à determinação conceitual e ao estado de coisas histórico. Religiosidade é algo subjetivo, nas vivências que ela determina, particular, algo indissolúvel, extremamente pessoal se encontra nela, algo que precisa se mostrar como "uma tolice" para todos aqueles que não compartilham de suas vivências. Ela está e continua estando ligada às barreiras que estão estabelecidas em sua origem a partir da experiência religiosa unilateral, histórica e pessoalmente condicionada, na forma interna da intuição religiosa e da direção para o transcendente. Na medida em que ela, então, porém, depara-se em seu círculo cultural com resultados científicos, com o pensar conceitual, com a formação mundana, ela experimenta seu caráter indefeso em todas as suas forças interiores, suas barreiras apesar de toda a pretensão de comunicação e de exercer um efeito amplo. O religioso, que sente de maneira suficientemente profunda o que é perceber essas barreiras e padecer delas, precisa aspirar a superá-las. A lei interna, segundo a qual as representações universais só podem se consumar em um pensar conceitual, impele para o interior dessa via. A visão de mundo religiosa aspira a se converter em uma visão de mundo filosófica.

Mas um lado dessa relação histórica encontra-se, então, de qualquer modo no fato de que a visão de mundo religiosa, sua apresentação conceitual e sua fundamentação prepararam a visão de mundo filosófica em um largo espectro. De início, os pontos **Significado dos escritores religiosos para o contexto da filosofia.** de partida para uma fundamentação do saber religioso só eram frutíferos para a filosofia; sem se importar com o modo como esse saber possa se comportar em relação à autonomia de Agostinho em relação a sentenças, que chegaram até Descartes: foi de Agostinho que partiu o estímulo para o novo procedimento em termos de teoria do conhecimento. Proposições de outro tipo passam da mística para Nicolau de Cusa e, a partir daí, para Bruno, e Descartes e Leibniz são determinados em relação à diferenciação das verdades eternas da ordem só teleologicamente compreensível do factual por Alberto e Tomás. Mostra-se, além disto, cada vez mais em que abrangência os conceitos lógicos e metafísicos da escolástica exerceram um efeito sobre Descartes, Espinosa e Leibniz. E os tipos da visão de mundo religiosa encontram-se em relações múltiplas com aqueles da visão de mundo filosófica. O realismo de um reino bom e de um reino mau, que era defendido pela religiosidade de Zaratustra, e que, a partir daí, passou para a religiosidade judaica e cristã, entrou em uma relação com a decomposição da realidade efetiva segundo a força e a matéria formadoras e conferiu, então, ao platonismo uma coloração própria. A doutrina da evolução, que conduz da essência divina inferior para a superior, tal como ela entra em cena junto aos babilônios e aos gregos, prepara a doutrina da evolução do mundo. A doutrina chinesa do nexo espiritual nas ordens naturais e a doutrina indiana da aparência e do sofrimento da multiplicidade sensível e da ver-

Segunda Parte – A essência da filosofia compreendida... 77

dade e bem-aventurança da unidade formam a preparação das duas direções, nas quais o idealismo objetivo deveriam se desdobrar. Por fim, a doutrina israelita e cristã da transcendência de um criador sagrado foi a preparação para aquele tipo de visão de mundo filosófica, que conquistou no mundo cristão tanto quanto no mundo maometano a mais ampla extensão. Assim, todos os tipos de visão de mundo religiosa influenciaram a visão de mundo filosófica, sobretudo, porém, reside nelas a base tanto para o tipo do idealismo objetivo quanto para o tipo do idealismo da liberdade. A gnose criou o esquema para as obras panteístas mais plenamente efetivas: provindo do mundo múltiplo, a beleza e a força nesse mundo ao mesmo tempo em que o sofrimento da finitude e a cesura, o retorno à unidade divina; os neoplatônicos, Espinosa e Schopenhauer desenvolveram isso em direção à filosofia. E a visão de mundo do cristianismo, do idealismo da liberdade, desenvolveu de início na teologia problemas e soluções desses problemas, que exerceram um efeito tanto sobre Descartes quanto sobre Kant. Assim, fica claro por que e em que posições os escritores religiosos precisam encontrar um lugar no contexto histórico da filosofia e mesmo puderam alcançar também o nome de filósofos e como, de qualquer modo, nenhum escrito condicionado pela religiosidade tem o direito, por outro lado, de requisitar uma posição no nexo da filosofia, nexo esse no qual as possibilidades de uma solução universalmente válida dos problemas filosóficos se desenvolveram em uma dialética interna corretamente consequente.

2 A intuição vital dos poetas e a filosofia

Entre as artes, só a poesia pode comunicar uma intuição vital. Cada arte torna visíveis relações junto a algo exposto particular e limitado, que se lançam para além dele e lhe entregam, por isto, um significado mais universal. A impressão do caráter sublime, que é evocado pelas figuras de Michelangelo ou pelas formações sonoras de Beethoven, provém do caráter particular do significado inserido nessas formações, e esse significado pressupõe uma constituição psíquica, que subordina a si, enquanto algo fixo, forte, sempre atual, coeso, aquilo que se aproxima dela. Mas só *uma* arte consegue com seus meios expressar mais do que tal constituição anímica. Todas as outras artes estão ligadas na presentificação de algo sensivelmente dado. Neste ponto elas têm a sua força e os seus limites. Só a poesia, porém, destrava e libera todo o âmbito da realidade efetiva tanto quanto das ideias: pois ela tem na língua um meio de expressão para tudo aquilo que pode vir à tona na alma do homem – objetos externos, estados internos, valores, determinações volitivas – e nesse seu meio de expressão já está contida uma apreensão do dado por meio do pensar. Se, portanto, em algum lugar nas obras da arte, uma visão de mundo ganha a expressão, esse lugar é a poesia.

Procuro tratar as questões que surgiram aqui de tal modo que as diferenças dos pontos de vista estéticos e psicológicos não precisem ser tocadas aí. **Objeto da poesia é uma vivência.** Todas as obras poéticas, desde a mais fugidia canção popular até a *Oréstia* de Ésquilo ou o *Fausto* de Goethe, concordam no fato de que elas apresentam um acontecimento: essa expressão considerada em um sentido, no qual ela inclui algo vivenciável assim como vivenciado, experiências próprias tanto quanto alheias, algo legado pela tradição tanto quanto algo atual. A apresentação do acontecimento na poesia é a *aparência efetivamente irreal de uma realidade*, apresentada de modo revivenciado e para a revivência, destacado do nexo da realidade efetiva e das ligações de nossa vontade e de nosso interesse com elas. Assim, nenhuma reação factual o evoca: processos que, de outro modo, nos estimulariam a agir, não perturbam mais o comportamento volitivo do observador; nenhum obstáculo da vontade, nenhuma pressão provém delas: enquanto alguém permanece na região da arte, toda pressão da realidade efetiva lhe é retirada da alma. Se, então, uma vivência é elevada a esse mundo da aparência, então os processos, que ela evoca no leitor ou no ouvinte, não são os mesmos que eles seriam nas pessoas que os vivenciam. Para conceber de maneira mais exata os primeiros, nós isolamos os processos da revivência aí daqueles que acompanham a concepção da vitalidade alheia enquanto efeitos: o transcurso, no qual eu

Segunda Parte – A essência da filosofia compreendida... 79

concebo os sentimentos e as tensões volitivas em Cordélia, é diverso da admiração e da compaixão, que emergem dessa revivência. A mera compreensão de uma narrativa ou de um espetáculo encerra, então, além disto, em si, processos, que se estendem para além dos processos que se transcorrem nas pessoas em jogo neles. O leitor de uma narrativa poética precisa realizar em si os processos da ligação do sujeito ao predicado, de proposição a proposição, de algo externo a algo interno, de motivações a atos e desses atos às consequências, a fim de poder traduzir as palavras do relato na imagem do acontecimento e esse acontecimento no nexo interior. Ele precisa subordinar o factual às representações gerais contidas nas palavras e nas relações gerais, para compreendê-lo. Do mesmo modo, o espectador de um drama, que é visto e percebido no palco, complementa o drama, levando-o a um nexo que vai além dele; um lado da vida se abre no modo como, na ação dramática, as ações humanas caem sob o domínio do destino, que julga sobre eles. O espectador se comporta em relação àquilo que ocorre aí como em relação à própria vida; ele interpreta, organiza o particular inserindo-o em seu contexto ou o estabelece como caso de um estado de coisas geral. E sem que ele precise notá-lo, quem o dirige aí é o poeta; a partir do acontecimento apresentado, ele o deixa criar algo que se estende para além desse aconteci-mento. Assim se revela que tanto a poesia épica quanto a poesia dramática apresentam para o leitor, para o ouvinte ou para o espectador de tal modo um acontecimento, que sua *significância* chega à concepção. Pois, enquanto significa-tivo, um acontecimento é concebido, na medida em que ele torna manifesto para nós algo da natureza da vida. A poesia é órgão da compreensão da vida, o poeta um vidente, que vislumbra o sentido da vida. E aqui se encontram, então, a compreensão daquele que concebe e a criação do poeta. Pois no poeta se realiza o processo misterioso, por meio do qual a matéria-prima dura e angulosa de uma vivência é aquecida e fundida sob aquela forma, que a deixa aparecer para o que concebe como significativa. Shakespeare lê em seu Plutarco as biografias de César, Brutus, Cássio, Antônio; há uma ne-cessidade no modo como eles se comportam uns em relação aos outros, e se, então, entre essas grandes personalidades, as cabeças da massa cobiçosa, incapaz de julgar e manipulável, se tornam visíveis, então fica claro o que precisa ser o fim do conflito que transcorre entre as personalidades principais. O poeta conhece Elisabeth, a natureza imperial de Henrique V e outros reis de todos os tipos: para a sua alma emerge um traço essencial das coisas humanas, que coloca em contexto todos os fatos de Plutarco. Sob esse traço, por outro lado, a alma do poeta subordina o processo histórico como um caso: o elemento vencedor da natureza imperial que se assenhoreia sem escrúpulos da realidade efetiva acima dos ideais republicanos, que não encontram mais nenhum republicano. Concebido assim, sentido assim e generalizado assim, essa condição vital geral se torna para ele o tema de uma tragédia. Pois o tema é justamente uma condição vital, concebida poeticamente em sua significância. E, então, atua nesse tema uma força motriz interior para adaptar caráteres, processos, ações uns aos outros, de tal modo que aquele traço geral seja visto na natureza das coisas, sem que o poeta o exprima – ou mesmo apenas o pudesse exprimir. Pois em todo e qualquer traço geral da vida reside uma relação com o significado da vida em geral, e, de acordo com isto, algo insondável.

Assim, emerge daí, então, a resposta à questão sobre em que medida o poeta exprime uma visão da vida ou mesmo uma visão de mundo. Todo poema lírico, épico ou dramático eleva uma experiência particular ao nível de uma meditação sobre sua **Apresentação indireta e direta da significância da vivência na poesia.** significância. Por meio daí, ele se distingue da mercadoria fabril capaz de produzir divertimento. Ele tem todos os meios para deixar ver essa significância, sem enunciá-la. E a exigência de que o significado do acontecimento na forma interna da poesia ganhe expressão precisa ser pura e simplesmente preenchida em toda e qualquer poesia. Normalmente, a poesia prossegue, então, e dá expressão à significância daquilo que ocorre. Alguns dos mais belos poemas líricos e canções populares exprimem com frequência simplesmente o sentimento de um estado; o efeito mais profundo, porém, emerge, quando o sentimento do momento vital se estende em uma

Segunda Parte – A essência da filosofia compreendida...

progressão consonante a leis e ressoa na consciência da significância desse momento: em Dante e em Goethe, esse procedimento chega às raias da poesia pensante. Na narrativa o acontecimento parece repentinamente parar e a luz do pensar cai sobre esse acontecimento, ou o diálogo ilumina como nas sábias palavras de Don Quixote, de Meister e de Lotário, o significado daquilo que acontece. No drama, em meio ao seu transcurso tempestuoso, entra em cena a reflexão sobre si, liberando a alma do espectador. Sim, muitas poesias grandiosas dão ainda um passo além. Elas ligam as ideias sobre a vida, tal como elas provêm dos acontecimentos, em diálogo, monólogo ou coro, em uma concepção coesa e geral da vida. As tragédias gregas, a noiva de Messina de Schiller, o Empédocles de Hölderlin são quanto a isso exemplos excepcionais.

Poemas doutrinários. Uma região intermediária autônoma e valiosa entre a filosofia e a poesia. Em contrapartida, a poesia deixa o seu próprio âmbito todas as vezes em que ela, liberada da vivência, procura enunciar pensamentos sobre a natureza das coisas. Neste caso, surge uma *forma intermediária entre poesia e filosofia* ou entre a poesia e a descrição da natureza, e seu efeito é totalmente diverso das obras propriamente poéticas. Os deuses gregos de Schiller, que se mostram como ideais enquanto vivências internas, que transcorrem segundo uma legalidade do sentimento, são uma lírica profunda e verdadeira. Em contrapartida, outros poemas célebres de Lucrécio, Haller e do próprio Schiller pertencem a um gênero intermediário, porque eles dotam algo pensado de valores sentimentais e os travestem com imagens oriundas da fantasia. Essa forma intermediária comprovou sua razão de ser por meio de grandes efeitos; pura poesia, porém, ela não é.

Análise da significância da vivência. Toda poesia autêntica está ligada, por meio de seu objeto, à vivência particular, àquilo que o poeta experimenta em si, em outros e em todo e qualquer tipo de legado tradicional de acontecimentos humanos. A fonte viva, a partir da qual seu saber da significância desses acontecimentos flui, é a experiência de vida. A significância é muito mais do que um valor reconhecido no acontecimento. Pois, segundo a estrutura da vida psíquica, o nexo causal nela possui uma unidade com o seu caráter teleológico, de acordo com o qual existe uma tendência para a produção de valores vitais e para a relação viva com os valores efetivos de todo tipo presentes nela. Por isto, o poeta cria a partir da experiência de vida e ele amplia a sua consistência até aqui, sempre que ele vê de maneira mais refinada sinais, que apontam para um interior; de maneira mais refinada do que tinha acontecido até aqui; ou sempre que percebe de maneira nova uma mistura de traços em um caráter, ou observa uma relação própria, que se segue da natureza de dois caráteres, em suma, sempre que uma nuança da vida se torna visível para ele. A partir de tais elementos se constrói um mundo interior. Ele persegue a história das paixões e o desenvolvimento de homens dos mais diversos tipos. Ele divide o mundo dos caráteres segundo parentesco, diversidade e tipos. E isso tudo entra em uma forma composta mais elevada, quando ele concebe traços universais abrangentes na vida individual ou na vida histórico-social. E, com isto, ainda não se atingiu o ápice de sua compreensão de vida. Sua obra se torna tanto mais madura quanto mais o tema, que consiste em tal ligação vital, é elevado ao nível da relação com o nexo total da vida: então, ele é visto em seus limites e, contudo, ao mesmo tempo, nas ligações ideais supremas. Todo grande poeta precisa atravessar em si esse movimento contínuo, tal como ele conduz da força unilateral da cabala ou do amor ou dos primeiros fragmentos do *Fausto* até o *Wallenstein* e para a obra de vida tardia de Goethe.

Esta meditação sobre o significado da vida só pode encontrar a sua fundamentação plena no conhecimento das coisas divinas e humanas, assim como ela só pode alcançar sua conclusão em um ideal de condução da vida. Assim, reside nela a tendência para uma visão de mundo. Vêm ao encontro desse traço interno no poeta uma **Tendência interna da visão de vida poética de passar para uma visão de mundo dotada de uma estrutura particular.** doutrina vital, filosofia e ciências em torno dele. No entanto,

Segunda Parte – A essência da filosofia compreendida...

sem levar em consideração o que ele possa acolher deles: a origem de sua visão de mundo dá a ela uma estrutura própria. Ela é livre, universal e insaciável, ela acolhe em si toda realidade efetiva, diferentemente da visão de mundo religiosa. Sua apreensão objetiva da natureza e do nexo derradeiro das coisas está sempre orientada pelo aprofundamento na significância da vida, e justamente essa significância fornece ao seu ideal liberdade e vitalidade. O filósofo é tanto mais científico quanto mais ele cinde de maneira mais limpa os modos de comportamento e decompõe a intuição: o poeta cria a partir da totalidade de suas forças.

Visão de vida e nexos das obras. Se a disposição e o entorno determinam um poeta para a formação de uma visão de mundo, então essa visão de mundo só pode ser deduzida de qualquer modo a partir da obra particular em uma abrangência restrita. Ela não se faz valer aqui da maneira mais plenamente efetiva possível em um enunciado direto, que nunca é completo, mas apenas na energia da união do múltiplo na unidade, das partes em um todo articulado. Até o cerne da melodia dos versos, até o ritmo da sequência dos sentimentos, a forma interior de toda e qualquer poesia é determinada pela posição da consciência do poeta e de sua época. Os tipos de técnica em cada tipo de poesia precisam ser concebidos como a expressão de diversidades individuais e históricas no modo de apreender a vida. Todavia, tendo em vista o modo como um corpo surge, corpo esse cuja alma é uma ligação vital destacada junto ao acontecimento, nesse corpo nunca pode se mostrar senão de maneira unilateral a visão de mundo do poeta: ela só é total no próprio poeta. Por isto, o efeito supremo dos poetas verdadeiramente grandes só surge quando se prossegue em direção ao nexo, no qual as ligações vitais expostas nas obras particulares se encontram umas com as outras. Quando às primeiras poesias fortes de Goethe se seguiram Tasso e Efigênia, eles só produziram um efeito moderado sobre um número limitado de pessoas; foi quando então, porém, os irmãos Schlegel e seus companheiros românticos fizeram conhecer seu nexo interior em uma constituição vital e nas ligações do estilo com essa constituição: isto elevou os efeitos de Goethe. O preconceito raso de que o efeito de obras de arte seria prejudicado pela compreensão estética ou histórico-literária é completamente injustificado.

As formas da visão de mundo poética possuem uma multiplicidade e uma mobilidade ilimitadas. Na ação conjunta daquilo que a era produz junto aos poetas com aquilo que ele cria a partir de sua experiência

Não há nenhum tipo demarcado de visão de mundo poética.

vital surgem para ele de fora laços e barreiras fixos de seu pensamento. O ímpeto interno, porém, para interpretar a vida a partir das experiências sobre ela, impele constantemente contra essas barreiras. Mesmo lá onde um poeta recebe de fora a estrutura sistemática de seu pensamento, tal como acontece com Dante, com Calderon e com Schiller, a força da reconfiguração nunca se baseia de qualquer modo nessa estrutura. Todavia, quanto mais livremente ele cria a partir da experiência da vida, tanto mais ele se encontra sob o poder da própria vida, que sempre lhe proporciona novos lados. Assim, a história da poesia torna manifestas as possibilidades infinitas de sentir e de perceber a vida, que estão contidas na natureza humana e em suas ligações com o mundo. A relação religiosa que forja comunidades e cria tradição, o caráter do pensamento filosófico, que se expressa na continuidade de uma formação conceitual fixa, atuam sobre a demarcação da visão de mundo em tipos fixos: o poeta também se mostra aí como o homem verdadeiro, de tal modo que ele se entrega livremente ao efeito da vida sobre ele. Em dúzias de homens, a meditação sobre a vida é fraca demais para que ele chegasse na anarquia moderna das visões de vida a uma posição firme: no poeta, o efeito dos diversos costumes é grande demais para que um tipo demarcado de visão de mundo pudesse ser suficiente para ele em qualquer tempo para aquilo que lhe fala a partir da vida.

A história da poesia mostra o acréscimo da aspiração e da força para compreender a vida a partir dela mesma. A influência da visão de mundo religiosa sobre os poetas, tanto no povo particular quanto na humani-

Crescimento da compreensão da vida a partir dela mesma.

dade, retrocede cada vez mais; o efeito do pensamento científico está marcado por um crescimento constante: cada uma das lutas das visões de mundo umas contra as outras subtrai dessas lutas mesmas cada vez mais o seu poder sobre os corações; por meio da disciplina do pensamento, a força da fantasia é constantemente restringida nos povos elevadamente cultivados. Assim, torna-se quase uma regra metodológica para os poetas interpretar de maneira isenta de preconceitos a realidade efetiva das coisas. E todas as correntes hoje existentes da poesia só buscam resolver essa tarefa de uma maneira particular.

O efeito alternante histórico de poesia e filosofia. A partir dessas propriedades da visão de vida e da visão de mundo poéticas obtém-se a relação histórica da poesia com a filosofia. A estrutura das visões de vida poéticas é totalmente heterogênea em relação à divisão conceitual da visão de mundo filosófica. Nenhum progresso regular daquela estrutura em relação a essa divisão pode ocorrer. Não há aí nenhum conceito que possa ser acolhido e ulteriormente formado. Não obstante, a poesia atua sobre o pensamento filosófico. A poesia preparou o surgimento da filosofia na Grécia e sua renovação no Renascimento. Uma influência regular, constantemente duradoura, provém dela para os filósofos. Ela formou em si em um primeiro momento uma consideração objetiva do nexo mundano, que se libertou completamente da ligação com os interesses e a utilidade, preparando, com isto, o comportamento filosófico: o efeito que proveio neste caso de Homero precisa ter sido imensurável. Ele foi paradigmático para o livre movimento do olhar sobre a grande amplitude da vida do mundo. Suas intuições sobre o homem tornaram-se o material para a análise psicológica e nunca puderam ser hauridas completamente por meio dessa análise. A poesia exprimiu de maneira mais livre, mais serena e mais humana do que a filosofia jamais o fez o ideal de uma humanidade mais elevada. Sua visão da vida e sua visão de mundo determinaram a constituição vital de grandes filósofos. A nova alegria dos artistas do Renascimento com a vida transformou-se, na filosofia que se iniciou com Bruno, na doutrina da imanência dos valores no mundo. O *Fausto* de Goethe continha um novo conceito da força universal do homem para se lançar em direção à totalidade – intuindo, gozando, atuando, e, assim, ele se tornou efetivo, ao lado do ideal da escola transcendental, na direção da filosofia para a elevação da existência humana. Os dramas históricos de Schiller exerceram uma influência forte sobre o desenvolvimento da consciência histórica. O panteísmo poético em Goethe preparou a formação do panteísmo filosófico. E o quanto a influência da filosofia não penetra, então, toda poesia! Ela se impõe em sua ocupação mais íntima na formação de uma visão de vida. Ela oferece seus conceitos prontos, seus tipos fechados de visão de mundo. Ela seduz a poesia – a prescindir disso de maneira perigosa e uma vez mais não perigosa. Eurípedes estuda os sofistas. Dante, os pensadores medievais e Aristóteles, Racine vem do Port-Royal, Diderot e Lessing da filosofia do Esclarecimento, Goethe mergulha em Espinosa, e Schiller torna-se discípulo de Kant. E quando Shakespeare, Cervantes, Molière se mostram cativos da filosofia, influências inumeráveis e finas de doutrinas filosóficas penetram de qualquer modo suas obras como os meios indispensáveis para reter os aspectos da vida.

III. A visão de mundo filosófica – O empreendimento de elevar a visão de mundo à universalidade.

Assim, a tendência para o desenvolvimento de uma visão de vida e de uma visão de mundo articula a religião, a poesia e a filosofia. A filosofia se formou nessas ligações históricas. A tendência para uma visão da vida e do mundo universalmente válida foi desde o início efetiva nela. Onde quer que em posições diversas da cultura oriental o desenvolvimento até a filosofia tenha sido estabelecido por meio da visão de mundo religiosa, essa tendência permaneceu solitariamente dominante e subordinou a ela todos os outros trabalhos filosóficos. Quando, então, na Grécia, a filosofia veio à tona em seu pleno enten-

Ponto de partida e cerne da filosofia: a tendência para uma visão de mundo universalmente válida.

dimento, a mesma tendência já tinha se imposto na escola pitagórica antiga e em Heráclito, a tendência para abranger toda a existência em uma visão de mundo. E todo o desenvolvimento ulterior da filosofia através de dois mil anos foi dominado pela mesma aspiração; e isto até a época em que, sucessivamente desde o final do século XVII a partir de Locke, as novas tentativas de Leibniz e de Berkeley entraram em cena. Com certeza, elas tiveram de combater durante esse tempo o entendimento sensível, as pessoas mundanas e os pesquisadores positivos. Esta, porém, foi uma oposição, que se fez valer por assim dizer de fora contra a sua aspiração. E o ceticismo, que proveio do interior da própria filosofia, da reflexão sobre os modos de procedimento e a amplitude do conhecimento, teve como ponto médio de seu trabalho justamente a relação com a mesma necessidade indestrutível de nosso espírito; a negatividade do comportamento cético em face dessa necessidade causou a irrealidade da posição de sua consciência. E vimos como mesmo nos dois séculos, que levaram adiante o trabalho de Locke, Leibniz e Berkeley, continuou existindo uma relação interna com o problema de uma visão de mundo universalmente válida. Precisamente o maior dentre os pensadores desses dois séculos, Kant, foi o mais fortemente determinado por essa relação.

Uma relação bastante condicionada com a religião e com a poesia. Essa posição central da visão de mundo na filosofia também pode ser constatada em sua relação com as duas outras forças históricas. A partir dela se explica o fato de a religiosidade ter vivido em lutas incessantes com a filosofia e de a poesia, que deu tanto a ela e que recebeu tanto dela, só ter podido se afirmar em uma luta interna constante frente às suas pretensões de domínio da concepção abstrata da vida. Será que Hegel não tinha talvez razão em afirmar que a religiosidade e a arte seriam formas subordinadas de desdobramento da filosofia, em determinar que elas se convertem cada vez mais nos modos mais elevados da visão de mundo filosófica? A decisão em relação a essa questão depende preponderantemente de se a vontade de uma visão de mundo cientificamente fundamentada alcançará algum dia sua meta.

1 A estrutura da visão de mundo filosófica

A visão de mundo filosófica, tal como **Formação da** ela assim emerge sob a influência do di- **estrutura.** recionamento para a validade universal, precisa ser essencialmente diversa segundo a sua estrutura da visão de mundo religiosa e da visão de mundo poética. Diferentemente da visão de mundo religiosa, ela é geral e universalmente válida. E, diferentemente da visão de mundo poética, ela é um poder, que quer atuar de maneira reformadora sobre a vida. Ela se desdobra sobre a base de todas a mais abrangente, fundada sobre a consciência empírica, a experiência e as ciências experimentais, segundo as leis de formação, que estão fundadas na objetivação das vivências no pensamento conceitual. Na medida em que a energia do pensar discursivo judicativo, no qual está contida por toda parte a ligação do enunciado com um objeto, penetra em toda a profundidade das vivências, todo o mundo do sentimento e da ação volitiva é objetivado em conceitos de valores e em suas relações, em regras, que expressam a vinculação da vontade. Os tipos dos objetos, que correspondem aos modos de comportamento, dissociam-se. Em cada esfera, que é determinada por um comportamento fundamental, forma-se um nexo sistemático. As relações de fundamentação, tal como elas existem entre os enunciados, exigem para o conhecimento da realidade efetiva um critério de medida fixo da evidência. Na região dos valores surge justamente a partir daí o progresso do pensamento em direção a suposições sobre valores objetivos, sim, em direção à exigência de um valor incondicionado. Do mesmo modo, na região de nossas ações volitivas, o pensamento se aquieta pela primeira vez quando ele alcança um bem supremo ou uma regra suprema. Os momentos que formam a vida, se explicitam, assim, em sistemas por meio da generalização de conceitos e por meio da universalização das proposições. A fundamentação como a forma do pensamento sistemático encadeia em cada um desses sistemas os elos conceituais de maneira cada vez mais transparente e completa. E os conceitos supremos, aos quais esses sistemas alcançam, o ser universal, o fundamento últi-

Segunda Parte – A essência da filosofia compreendida...

mo, o valor incondicionado, o bem supremo se sintetizam no conceito de um nexo mundano teleológico, no qual a filosofia se encontra com a religiosidade e com o pensamento artístico. Assim, segundo leis internas de formação, surgiram os traços fundamentais do esquema teleológico da concepção de mundo, e, do mesmo modo, a duração desse esquema estava fundamentada na coisa mesma até o início da Idade Média e mantém o seu poder natural até os dias de hoje; sobre sua base ou em oposição a ela se dissociaram as formas fundamentais da visão de mundo filosófica.

Multiplicidade dos sistemas metafísicos que assim surgiram. Se a visão de mundo é assim apreendida, fundamentada e elevada desse modo à validade universal, então nós a denominamos metafísica. Ela se estende por uma multiplicidade de figuras. Individualidade, circunstâncias, nação, era evocam junto aos poetas tanto quanto junto aos filósofos uma quantidade indeterminada de nuanças relativas ao ponto de vista sobre o mundo. Pois as possibilidades relativas ao modo como a estrutura de nossa vida psíquica é afetada pelo mundo são ilimitadas, e, do mesmo modo, os meios do pensamento se alteram constantemente segundo a situação do espírito científico. Mas a continuidade, que liga os processos de pensamento, a conscienciosidade, que caracteriza a filosofia, tem, então, por consequência, o fato de um nexo interno unir os grupos dos sistemas e de a copertinência dos diversos pensadores uns em relação aos outros ser sentida tanto quanto se tem consciência da oposição entre os outros grupos. Assim, na filosofia clássica grega entrou em cena a oposição entre a metafísica teleológica, por assim dizer o sistema natural da metafísica, e a visão de mundo, que restringe o conhecimento do mundo à apreensão da realidade efetiva segundo as ligações de causas e efeitos. Assim como, então, o problema da liberdade se fez valer desde a Estoa em seu significado, os sistemas do idealismo objetivo, segundo os quais o fundamento das coisas determina o nexo do mundo, se cindiram cada vez mais claramente dos sistemas do idealismo da liberdade, nos quais a vivência da vontade livre é retida e projetada para o interior do próprio fundamento do mundo. Formaram-se *tipos fundamentais da metafísica*, que se enraizaram nas diferenças decisivas das visões de mundo humanas. Eles têm sob si uma grande multiplicidade de visões de mundo e de formas sistemáticas.

2 Tipos da visão de mundo filosófica

A indução histórica, por meio da qual esses tipos precisam ser constatados, não tem como ser apresentada aqui. As características empíricas, das quais essa indução

Procedimentos para determinar esses tipos.

parte, residem no parentesco interno dos sistemas metafísicos, na relação de transformação, segundo a qual um sistema condiciona o outro, na consciência dos pensadores sobre a sua copertinência e a sua oposição, sobretudo, porém, na continuidade histórica interior, na qual tal tipo se forma de maneira cada vez mais clara e se fundamenta de maneira cada vez mais profunda, e no efeito, que partiu de tais sistemas típicos, como o de Espinosa, o de Leibniz ou o de Hegel, Kant ou Fichte, de d'Alembert, Hobbes ou Comte. Há entre esses tipos formas, nas quais essas visões de mundo ainda não chegaram a uma clara separação: outras formas gostariam de, apesar da consequência do pensamento, reter a quintessência dos temas metafísicos; essas formas revelam-se constantemente infrutíferas para o desenvolvimento ulterior da visão de mundo e ineficazes na vida e na literatura, por mais intensamente que elas possam ser em sua determinação fundamental complicada ou por mais fortes que elas possam se mostrar por meio de méritos técnicos. A partir da multiplicidade colorida de tais nuanças da visão de mundo vêm à tona os tipos ricos em consequências, puros, fortes em seus efeitos dessa visão. De Demócrito, Lucrécio, Epicuro até Hobbes, desse até os enciclopedistas, até o materialismo moderno, assim como até Comte e Avenarius, pode-se perseguir, apesar da grande diversidade dos sistemas, um nexo que une esses grupos de sistemas em um tipo uno, cuja primeira forma pode ser designada *materialista ou naturalista* e cujo desenvolvimento ulterior conduz de maneira plenamente consequente sob as condições da consciência crítica ao

Segunda Parte – A essência da filosofia compreendida...

positivismo no entendimento de Comte. Heráclito, a Estoa rigorosa, Espinosa, Leibniz, Schaftesbury, Goethe, Schelling, Schleiermacher, Hegel designam as estações do *idealismo objetivo*. Platão, a filosofia helenista romana dos conceitos de vida, que é representada por Cícero, a especulação cristã, Kant, Fichte, Maine de Biran e os pensadores franceses que lhe são aparentados, Carlyle formam os níveis do desenvolvimento do *idealismo da liberdade*. A partir da conformidade interior a leis por nós exposta, a qual se mostra efetiva na formação dos sistemas metafísicos, vem à tona a diferenciação da metafísica nessas ordens de sistemas. E o transcurso exposto por nós, no qual a relação com a realidade efetiva atravessa determinadas posições, atua de início sobre esse desenvolvimento e sobre as modificações que entram em cena nele; assim, mantendo-se em si, veio ao nosso encontro anteriormente o positivismo como o caso mais proeminente do procedimento não metafísico, que procura um fundamento firme para o conhecimento, enquanto ele agora é considerado em sua totalidade como uma transformação de uma visão de mundo fundamentada epistemologicamente sobre esse procedimento. Neste caso, porém, o desenvolvimento e sua determinação nuançada dos tipos são condicionados pelo transcurso, no qual, com base nas ligações entre valores, finalidades e vinculações da vontade, os conceitos ideais se desdobraram na humanidade.

Materialismo e positivismo fundado no conhecimento da natureza. O conhecimento da realidade efetiva tem sua base no estudo da natureza. Pois esse estudo apenas é que consegue conquistar para os fatos uma ordem segundo leis. No nexo do conhecimento assim emergente do mundo rege o conceito da causalidade. Se esse conceito determina a experiência de maneira unilateral, então não há nenhum espaço para os conceitos de valor e de finalidade. E uma vez que, na intuição da realidade efetiva, prepondera o mundo físico em termos de extensão e força, de tal modo que as unidades vitais espirituais só se mostram como interpolações no texto do mundo físico; uma vez que, além disso, só o conhecimento desse mundo físico tem os meios auxiliares em termos de matemática e experimento, para alcançar a meta do comportamento conceptivo: então essa explicação do mundo assume a forma da interpretação do mundo espiritual a partir desse mundo físico. E se, então, em meio ao ponto de vista crítico, o caráter fenomenal do mundo físico é reconhecido, naturalismo e materialismo se convertem imediatamente no positivismo determinado em termos de ciências naturais. – Ou a visão de mundo é determinada pelo modo de comportamento da vida sentimental. Ela se encontra sob o ponto de vista dos valores das coisas, dos valores vitais, do significado e do sentido do mundo: toda a realidade efetiva aparece, então, como a expressão de um interior, e, assim, ela é concebida como o desdobramento de um nexo psíquico que atua de maneira inconsciente ou consciente. Este ponto de vista vislumbra, de acordo com isto, nas muitas ações particulares divididas, restritas, algo divino que lhe é imanente, algo divino que determina os fenômenos segundo a relação passível de ser descoberta na consciência de uma causalidade teleológica: idealismo objetivo, panenteísmo ou panteísmo surgem assim. – Se, contudo, o comportamento volitivo determina a concepção de mundo, então emerge o esquema da independência do espírito ante a natureza ou sua transcendência: na projeção para o universo formam-se os conceitos da personalidade divina, da criação, da soberania da personalidade em face do curso do mundo.

O idealismo objetivo.

O idealismo da liberdade.

Cada uma dessas visões de mundo contém, na esfera da apreensão objetiva, uma ligação entre conhecimento do mundo, elogio da vida e princípios do agir. Seu poder baseia-se no fato de que elas dão para a personalidade em suas diversas realizações uma unidade interna. E cada uma delas tem a sua força de atração e possibilidade de um desenvolvimento consequente no fato de que elas apreendem de acordo com o pensamento a vida plurissignificativa a partir de um de nossos modos de comportamento segundo a lei contida nesses modos.

Segunda Parte – A essência da filosofia compreendida... 93

3 A insolubilidade da tarefa. Decréscimo do poder da metafísica

Relação da tarefa de resolver o enigma do mundo com a exigência de validade universal da solução. Em uma riqueza imensurável de formas de vida, a metafísica se expandiu. Ela avançou vertiginosamente de possibilidade em possibilidade. Nenhuma forma lhe é suficiente, ela posiciona cada uma delas em uma nova. Uma contradição interna secreta, que reside em sua própria essência, vem à tona em cada uma de suas conformações sempre novamente e a obriga a deixar cair a forma dada e a buscar uma nova. Pois a metafísica é uma essência dupla estranha. Sua aspiração é a resolução do enigma do mundo e da vida, e sua forma é a validade universal. Com uma face, ela se volta para a religião e para a poesia; com a outra, ela se volta para as ciências particulares. Ela não é ela mesma nem uma ciência no sentido das ciências particulares, nem é arte ou religião. O pressuposto, sob o qual ela entra na vida, é o de que haveria um ponto no mistério da vida, que estaria acessível ao pensar rigoroso. Se ele existe, tal como Aristóteles, Espinosa, Hegel e Schopenhauer o supõem, então a filosofia é mais do que toda e qualquer religião e do que toda e qualquer arte, assim como ela é mais também do que as ciências particulares. Onde encontraremos esse ponto, no qual se conectam conhecimento conceitual e seu objeto, o enigma do mundo, e no qual esse nexo mundano singular único não apenas deixa perceber regularidades particulares do acontecimento, mas no qual sua essência se torna pensável? Ele precisa estar estabelecido para além da região das ciências particulares e para além de cada um de seus métodos. A metafísica precisa se elevar acima das reflexões do entendimento, para encontrar seu próprio objeto e seu método próprio. As tentativas disso na esfera da metafísica são percorridas e o insuficiente nelas foi mostrado. Os fundamentos desenvolvidos desde Voltaire, Hume e Kant, que tornam explicável a mudança constante dos sistemas metafísicos e sua incapacidade para satisfazer as requisições da ciência, não devem ser repetidos aqui. Só destacarei o que pertence ao presente contexto.

Conhecimento da realidade efetiva segundo as relações causais, a vivência de
valor, o significado e o sentido, e o comportamento volitivo, que contém em si a finalidade para a ação da vontade e as regras para a vinculação
da vontade – são modos de comportamento diversos, que
estão ligados na estrutura psíquica. Sua relação psíquica está
presente para nós na vivência: ela está entre os fatos derradeiros alcançáveis da consciência. O objeto comporta-se
dessa maneira diversa em relação aos objetos, não há como
aceder a um fundamento desses objetos por detrás desses
fatos. Assim, segundo sua proveniência, as categorias de ser,
causa, valor e finalidade não têm como ser reconduzidas a
partir desses modos de comportamento nem umas às outras,
nem a um princípio mais elevado. Nós só podemos conceber
o mundo sob uma das categorias fundamentais. Só podemos
perceber a cada vez por assim dizer um lado de nossa relação com ela – nunca toda a relação, tal como ela teria sido
determinada por meio da conexão dessas categorias. Este é
o primeiro fundamento para a impossibilidade da metafísica:
se ela quiser se impor, então ela precisa sempre ou bem estabelecer por meio de falácias essas categorias em um nexo
interno, ou bem ela precisa mutilar o que está contido em
nosso comportamento vivo. Um outro limite do pensar conceitual se mostra no interior de cada um desses modos de
comportamento. Não podemos acrescentar por meio do pensamento nenhuma causa derradeira como algo incondicionado ao nexo condicionado dos processos; pois a disposição
ordenada de uma multiplicidade, cujos elementos se comportam uns em relação aos outros de maneira uniforme, permanece ela mesma um enigma, e, a partir do uno imutável, não
pode ser concebido nem a transformação, nem a pluralidade.
Nós nunca podemos superar o caráter subjetivo e relativo das
determinações valorativas, caráter esse que provém de sua
origem no sentimento: um valor incondicionado é um postu-
lado, mas não um conceito passível de preenchimento. Nós
não temos como apresentar uma finalidade suprema e incondicionada, uma vez que essa finalidade tem por pressuposto
a constatação de um valor incondicionado, e a regra do agir,

O insatisfatório em toda metafísica.

Segunda Parte – A essência da filosofia compreendida...

que está contida de maneira universalmente válida na vinculação mútua da vontade, não permite deduzir as finalidades do particular ou da sociedade.

O resultado positivo de sua história.

Se, então, porém, nenhuma metafísica consegue, assim, satisfazer as exigências de uma demonstração científica, então resta justamente como um ponto fixo para a filosofia a relação do sujeito com o mundo, segundo a qual todo e qualquer modo de comportamento em jogo nessa relação dá expressão a um aspecto do mundo. A filosofia não consegue apreender o mundo em sua essência por meio de um sistema metafísico e comprovar de maneira universalmente válida esse conhecimento. No entanto, assim como em todas as poesias sérias se abre um traço característico da vida, tal como esse traço não tinha sido visto anteriormente; assim como a poesia torna manifestos para nós os lados diversos da vida em obras sempre novas e como nós não possuímos a intuição conjunta da vida em nenhuma obra de arte e nos aproximamos de qualquer modo, porém, por intermédio delas todas dessa concepção conjunta: vem ao nosso encontro nas visões de mundo típicas da filosofia um mundo, tal como ele aparece, quando uma personalidade filosófica poderosa submete a um dos modos de comportamento em relação a ela os outros modos e subordina a essas categorias contidas nela as outras categorias. Com isto, resta do trabalho descomunal do espírito metafísico a consciência histórica, que a metafísica repete em si e que, assim, experimenta nela a profundidade insondável do mundo. Não a relatividade de cada visão de mundo é que detém a última palavra do espírito que atravessou todas elas, mas a soberania do espírito em face de cada uma delas em particular e, ao mesmo tempo, a consciência positiva do modo como se faz presente para nós nos diversos modos de comportamento do espírito a realidade uma do mundo.

A doutrina da visão de mundo.

É a tarefa da doutrina da visão de mundo apresentar metodologicamente a partir da decomposição do transcurso histórico da religiosidade, da poesia e da metafísica, em oposição ao relativismo, a relação do espírito humano com o enigma do mundo e da vida.

IV. Filosofia e ciência

No trabalho de fundamentação e de formação conceitual da própria metafísica cresce constantemente a meditação sobre o pensar mesmo, sobre suas formas e suas leis.

Meditação sobre o pensamento no interior da metafísica.

As condições, sob as quais conhecemos, são investigadas: a suposição de que existe uma realidade efetiva independente de nós e acessível ao nosso pensamento, a crença em que podem existir pessoas fora de nós e que elas podem ser compreendidas por nós, e, por fim, o pressuposto de que cabe realidade ao transcurso de nossos estados internos no tempo e de que as vivências, tal como elas são representadas na experiência interna, podem alcançar no pensamento uma apresentação válida. A meditação sobre os processos, nos quais surge a visão de mundo, e sobre os fundamentos jurídicos, que justificam os pressupostos da visão de mundo, acompanha a formação da visão de mundo e cresce constantemente na luta entre os sistemas metafísicos.

E, ao mesmo tempo, emerge da natureza mais própria da visão de mundo filosófica a sua relação com a cultura humana e com os seus nexos de finalidades. A cultura dividiu-se para nós segundo as ligações interiores entre o conhecimento do mundo, a vida e as experiências do ânimo e as ordens

Ligações do pensamento metafísico com as regiões particulares da cultura.

práticas, nas quais se realizam os ideais de nosso agir. Nisso se manifesta o nexo estrutural psíquico, e justamente esse nexo determina também a visão de mundo filosófica. Assim, essa visão de mundo entra em cena na relação com todos os aspectos da cultura. E assim como ela aspira à validade universal e procura por toda parte fundamentação e nexo, ela precisa se fazer valer em todas as esferas da cultura: elevando ao nível da consciência aquilo que acontece aí, fundamen-

Segunda Parte – A essência da filosofia compreendida... 97

tando, julgando criticamente, articulando. Aqui, porém, vem ao seu encontro, então, nos próprios nexos finais da cultura, uma reflexão que surgiu.

1 As funções da filosofia que surgiram da técnica conceitual na vida cultural

Surgimento das funções filosóficas a partir da técnica das regiões culturais. Não foi apenas na visão de mundo que se desenvolveu a meditação do homem sobre o seu fazer e sobre a aspiração por um saber universalmente válido. Antes de os filósofos entrarem em cena, tinha vindo à tona a partir da atividade política o isolamento das funções do Estado, a divisão das constituições; na práxis do negócio jurídico, os conceitos fundamentais da ordem jurídica burguesa e do direito penal tinham se formado; as religiões tinham formulado dogmas, isolados uns dos outros e ligados uns aos outros; tipos de exercício artístico foram diferenciados. Pois cada processo dos nexos finais do homem em relação às formas mais compostas realizou-se sob a direção do pensamento conceitual.

Assim, formam-se funções da filosofia, que levam mais adiante o pensar que se realizou nas regiões particulares da cultura. Assim como nenhum limite fixo cinde a metafísica religiosa da metafísica filosófica, o pensamento técnico também passa em uma formação contínua para o pensamento filosófico. Por toda parte o espírito filosófico é ao mesmo tempo caracterizado pela automeditação universal e pelo poder reformador e configurador da pessoa que se encontra fundado nessa meditação, assim como, ao mesmo tempo, pela tendência intensa que é imanente à cabeça filosófica para a fundamentação e o nexo. Tal função da filosofia não está ligada desde o princípio à configuração da visão de mundo, e, mesmo lá onde a metafísica não é buscada ou reconhecida, ela existe.

2 A doutrina universal do saber e a teoria sobre as regiões particulares da cultura

Assim, espírito o seu outro lado, que sempre existiu conjuntamente com a aspiração por uma visão de mundo universalmente válida. Na visão de mundo, a experiência fundada nos modos de comportamento é reunida em uma unidade objetiva que se encontra contraposta. No entanto, se os próprios modos de comportamento são elevados em suas ligações com os conteúdos ao nível da consciência, que investiga a experiência que surge nessas ligações, se a sua consistência legítima é colocada à prova: então se mostra o outro lado da automeditação. Partindo desse outro lado, a filosofia desponta como a *ciência fundamental*, que tem por seu objeto a forma, a regra e o nexo de todos os processos de pensamento, que são determinados pela finalidade de produzir um saber válido. Ela investiga enquanto lógica as condições da evidência, que se atêm aos processos corretamente realizados e, em verdade, em cada região na qual entram em cena processos de pensamento. Enquanto teoria do conhecimento, ela sai da consciência da realidade da vivência e da ação objetiva da percepção exterior para os fundamentos de direito dessas pressuposições de nosso conhecimento. Ela é ciência enquanto tal *teoria do saber*.

> Filosofia como teoria universal do saber.

Com base nessa função, de todas a mais importante, ela entra em cena, então, em ligação com as esferas diversas da cultura e assume em cada uma delas tarefas de um tipo próprio.

> As teorias filosóficas que surgem a partir da vida e da cultura.

Na esfera da representação do mundo e do conhecimento do mundo, ela entra em relação com as ciências particulares, que geram as partes particulares do conhecimento do mundo. Essa sua realização articula-se imediatamente com a lógica e com a teoria do conhecimento como o trabalho fundamental da filosofia. Ela clarifica os modos de procedimento das ciências particulares por intermédio da lógica geral. Ela coloca em conexão com tal lógica os conceitos metodológi-

Segunda Parte – A essência da filosofia compreendida... 99

cos que surgiram nas ciências. Ela investiga os pressupostos, as metas, os limites do conhecimento científico particular. E ela emprega os resultados assim conquistados para o problema da estrutura interna e dos nexos nos dois grandes grupos das ciências naturais e das ciências humanas (ciências do espírito). Nenhuma de suas ligações com um sistema qualquer da cultura é tão clara e distinta. Nenhuma delas se desenvolveu com uma consequência tão sistemática, e, assim, também não há entre as determinações conceituais unilaterais da filosofia nenhuma que fosse tão elucidativa a ponto de poder se mostrar como a *teoria das teorias*, a fundamentação e a síntese das ciências particulares em sua relação com o conhecimento da realidade efetiva.

Ligação com a experiência da vida. Menos transparente é a relação da filosofia com a *experiência de vida*. Vida é a ligação interna das realizações psíquicas no nexo da pessoa. Experiência de vida é a meditação e reflexão crescentes sobre a vida. Por meio delas, o relativo, subjetivo, casual, singularizado das formas elementares de agir conforme a fins é elevado ao nível da intelecção daquilo que é para nós valioso. O que significam no ponto de sustentação conjunto de nossa vida as paixões? Que valor tem em uma vida naturalmente compreendida o sacrifício? Ou a fama e o reconhecimento exterior? Todavia, não é apenas a experiência de vida do particular que trabalha na solução de tais questões, mas essa experiência mesma se amplia inversamente em direção àquilo que a sociedade adquire. A sociedade é o regulador abrangente da vida dos sentimentos e dos impulsos; limites, que emergem da necessidade da vida conjunta, são estabelecidos por ela em termos de direitos e de costumes para as paixões sem travas: por meio da divisão do trabalho, do casamento, da propriedade, ela cria as condições para a satisfação ordenada dos impulsos. Assim, ela liberta desse domínio terrível: a vida conquista espaço para os sentimentos e aspirações espirituais mais elevados, e esses sentimentos e aspirações conseguem alcançar a preponderância. A experiência de vida, que a sociedade faz em tal trabalho, produz sempre determinações mais adequadas dos valores vitais e lhes dá, por meio da opinião pública, uma posição regulada fixa: por meio daí, a sociedade gera a partir dela mesma uma escala valorativa, que, então, condiciona o particular. Sobre esse solo da sociedade, fazem-se valer, com isso, as experiências vitais individuais. Elas surgem de maneira múltipla. Sua pedra fundamental é formada pelas vivências pessoais, na medida em que um valor irrompe nelas. Nós acolhemos outras vidas como espectadores, que percebem as paixões dos homens – suas paixões, que levam até a ruína de si mesmo e, consequentemente, de sua relação com outras pessoas –, seus sofrimentos, que se seguem daí. E nós completamos essas experiências de vida por meio da história, que mostra em grandes traços o destino do homem, e por meio da poesia: é ela antes de tudo que torna manifesta a tensão dolorosamente doce da paixão, a sua ilusão, sua dissolução. Tudo atua conjuntamente, para que o homem se torne mais livre e aberto para a resignação e a felicidade da entrega às grandes objetividades da vida.

Tendo em vista o quanto essa experiência de vida é de início desprovida de metodicidade, fica claro que ela precisa, na medida em que se apercebe da amplitude e dos limites de seu procedimento, elevar-se até uma meditação metodológica, que aspire a superar o caráter subjetivo da determinação valorativa. Assim, ela passa para a filosofia. Todas as etapas que se encontram nesse caminho são ocupadas por escritos, que tratam dos valores vitais, dos caráteres, dos temperamentos, da condução da vida. E como a poesia é um elo importante na formação da doutrina dos temperamentos, dos caráteres e da condução da vida, então essa vida prepara uma vez mais essa leitura nas almas dos homens, essa avaliação própria dos valores das coisas, um querer compreender insaciável, a apreensão mais consciente do significado da vida. Homero é o mestre dos escritores reflexivos e Eurípides, o seu discípulo. Sobre a mesma base desenvolve-se cada religiosidade propriamente alcançada. Experiências sobre a vida, uma força terrível da intelecção da ilusão, que marca todos os bens vitais do aquém, produzem em todos os gênios religiosos a entrega ao mundo transcendente. A vivência religiosa seria vazia e insípida, se não se realizasse com base

Segunda Parte – A essência da filosofia compreendida...

na miséria vivenciada, na infâmia ou ao menos na pequenez das coisas humanas, das separações e do sofrimento nelas, a elevação ao sagrado; e isto por assim dizer como um êxtase para além desse círculo degradante. Esse caminho em direção à solidão foi seguido por Buda, por Lao-Tse e, como algumas passagens dos evangelhos ainda revelam, também por Cristo; Agostinho e Pascal também o percorreram. E, juntamente com as ciências e com as ordens vitais históricas, as experiências de vida formam, então, a base real da filosofia. O momento pessoal nos grandes filósofos baseia-se nelas. Sua sublimação e fundamentação forja um componente essencial e francamente o mais efetivo nos sistemas filosóficos. Isto se mostra em particular em Platão, na Estoa, em Espinosa, sim, com uma abrangência restrita, em Kant, para o qual sua antropologia se mantém coesa com seus primeiros escritos. Assim, surge, então, na filosofia, o sistema dos valores vitais imanentes tanto quanto o sistema dos valores efetivos objetivos: aqueles valores se atêm a um estado da alma, enquanto esses valores cabem a algo externo, que tem a capacidade de gerar valores vitais.

Sobre as ordens vitais. A filosofia tem, por fim, no nexo histórico-cultural, uma relação com o *mundo prático*, com seus ideais e suas ordens vitais. Pois ela é a meditação sobre a vontade, suas regras, finalidades e bens. Nas ordens vitais da economia, do direito, do Estado, do domínio sobre a natureza, da eticidade, essa vontade encontrou sua expressão. Assim, só nelas pode ser esclarecida a essência do comportamento volitivo. Pois bem, atravessa todas elas a relação entre estabelecimento de fins, vinculação e regra. A partir daí vem à tona o mais profundo problema da filosofia nessa área: a grande questão de saber se todas as regras morais são dedutíveis de fins. A intelecção, à qual Kant se elevou em seu imperativo categórico, pode ser ulteriormente levada à frente por meio de um processo de formação ao fato de que só há um algo fixo incondicionado no mundo ético, a saber, que a vinculação mútua das vontades em um contrato expresso ou na suposição tácita da existência da oposição tem uma validade incondicionada para toda e qualquer consciência; por isto, afinal, probidade, retidão, fidelidade, veracidade formam a estrutura fixa do mundo moral: todas as finalidades e todas as regras da vida, mesmo os bens e a aspiração à perfeição, se encontram subordinados a essa estrutura – em uma ordem hierárquica do dever, que desce do elemento do compromisso até a exigência moral de bondade e entrega aos outros, e, a partir daí, até a exigência de aperfeiçoamento pessoal. Na medida em que a análise filosófica da consciência moral constata o âmbito de validade dos ideais éticos, isolando o elemento vinculante do dever da mobilidade dos fins, ela determina as condições, sob as quais os sistemas de fins se formam no interior da sociedade. E na medida, então, em que a filosofia torna compreensível a factualidade das ordens vitais, assim como as ciências humanas (ciências do espírito) as descrevem e decompõem, a partir da estrutura do indivíduo e da sociedade; na medida em que ela deduz do caráter teleológico das mesmas o seu desenvolvimento e as suas leis de formação, colocando, porém, todas essas necessidades sob aquela lei suprema das vinculações da vontade, ela se torna, então, uma força interior, que impele para a elevação do homem e para o desenvolvimento ulterior de suas ordens vitais, mas fornece, porém, ao mesmo tempo, critérios de medida fixos para essas ordens na regra moral e nas realidades da vida.

Olhemos de volta uma vez mais para a visão de mundo filosófica. Só agora toda a amplitude de sua base pode ser vislumbrada. O significado que a experiência de vida tem para a formação da visão de mundo vem à tona. E, por fim, mostra-se como é que, nas grandes regiões, são condicionados os tipos de comportamento psíquico, como estão contidos nessas regiões problemas dotados de um significado autônomo, que podem ser tratados de maneira totalmente independente de sua posição na visão de mundo.

Assim, obtém-se a partir das ligações da filosofia com as diversas regiões da vida humana o seu direito a não apenas fundamentar e unir o saber sobre essas regiões e sobre as ciências particulares, nas quais o saber se consolidou, mas também elaborar

As ciências filosóficas que se ligam aos sistemas da cultura.

Segunda Parte – A essência da filosofia compreendida... 103

nas disciplinas filosóficas particulares, tais como a filosofia do direito, a filosofia da religião e a filosofia da arte, essas mesmas regiões. Não está naturalmente sujeito a nenhuma contenda o fato de cada uma dessas teorias precisar ser haurida dos estados de coisa históricos e sociais, que constituem a região da arte ou da religião, do direito ou do Estado, e, nesta medida, seu trabalho coincide com o trabalho das ciências particulares. Também está claro que toda e qualquer teoria filosófica de tal tipo, que, ao invés de criar a partir do próprio material, mantenha-se junto ao que é oferecido nas ciências particulares e só o coloque à prova aqui e acolá, não possui nenhum direito à existência. De acordo com o caráter restrito da força humana, porém, o pesquisador individual só dominará em raras exceções a lógica, a teoria do conhecimento e a psicologia de maneira tão segura, que a teoria filosófica esteja em condições de acrescentar justamente a partir dessas algo novo. Tal teoria filosófica isolada nunca é de qualquer modo justificada senão como algo provisório, que emerge das insuficiências da situação atual. Em contrapartida, investigar a tarefa das ligações internas das ciências entre si, das quais a constituição lógica de cada uma delas depende, continua uma parte importante das funções da filosofia.

3 O espírito filosófico nas ciências e na literatura

O elemento filosófico nas realizações dos pesquisadores positivos, nos poetas e escritores. A influência da metafísica experimentou uma diminuição constante. Em contrapartida, a função da filosofia veio adquirindo cada vez mais um peso maior, segundo o qual ela fundamenta e articula o pensar que surgiu nas regiões particulares da cultura. Baseia-se nessa relação o significado da filosofia positiva de d'Alembert, Comte, Mill e Mach, de tal modo que eles provêm justamente a partir da ocupação interna com as ciências particulares, que seu procedimento prossegue e estabelece por toda parte o critério de seu saber universalmente válido. E, em outras regiões, o pensamento filosófico de Carlyle ou de Nietzsche se mostra como positivo justamente pelo fato de ele aspirar a universalizar e a fundamentar o modo de procedimento contido na experiência de vida e formado pelos poetas e escritores sobre a condução da vida. É, então, natural que justamente nesse procedimento livre a filosofia continue influenciando cada vez mais toda a vida espiritual dos tempos modernos. O espírito metódico, generalizante, que articula as ciências, espírito esse que foi determinante na pesquisa da natureza de Galilei, Kepler e Newton, penetrou, então, com base na corrente positivista de d'Alembert e Lagrange, a pesquisa natural francesa, e ele continua atuando sobre o solo da filosofia da natureza e do criticismo kantiano em Ernst von Baer, Robert Mayer, Helmholtz e Hertz. E precisamente esse espírito filosófico se fez valer desde os grandes teóricos socialistas nas ciências particulares da sociedade e da história. Assim, para a situação atual da filosofia, é característico o fato de que os seus efeitos mais fortes não partem dos sistemas, mas justamente desse livre pensamento filosófico, que penetra as ciências e toda a literatura. Pois, mesmo na literatura, parte de escritores como Tolstoi e Maeterlink um efeito filosófico significativo. Drama, romance e agora também a lírica tornaram-se portadores de impulsos filosóficos maximamente intensos.

O espírito filosófico se faz presente por toda parte em que um pensador, livre da forma sistemática da filosofia, submete à prova **Os efeitos do espírito filosófico.** aquilo que entra em cena no homem de maneira particular e obscura como instinto, autoridade ou crença. Ele está presente sempre que os pesquisadores reconduzem com uma consciência metodológica as suas ciências aos seus fundamentos de direito derradeiros ou levam adiante generalizações, que unem e fundamentam muitas ciências. Ele se faz presente por toda parte em que valores vitais e ideais são submetidos a uma nova prova. Qualquer coisa que venha à tona de maneira desordenada ou lutando de modo hostil no interior de um tempo ou no coração de um homem deve ser reconciliado pelo pensamento, assim como o que é obscuro deve ser esclarecido e o que se encontra imediatamente presente, uma coisa ao lado da outra, deve ser mediado e colocado em conexão. Esse espírito não deixa nenhum sentimento valorativo e nenhuma aspiração em sua imediatidade, nenhuma

Segunda Parte – A essência da filosofia compreendida...

prescrição e nenhum saber em sua singularização; em relação a tudo aquilo que é válido, ele questiona o fundamento de sua validade. Neste sentido, o século XVIII designa a si mesmo com razão o século filosófico: graças ao domínio que se impõe nele da razão sobre o elemento obscuro, instintivo, inconscientemente criador em nós e da recondução de todo e qualquer construto histórico à sua origem e ao seu direito.

V. O conceito de essência da filosofia. Visualização de sua história e sistemática

Filosofia: algo extremamente pessoal e um sistema cultural. A filosofia comprovou-se como um modelo de funções muito diversas, que são reunidas na essência da filosofia por meio da intelecção de sua ligação legítima. Uma função refere-se sempre a um nexo teleológico e designa um modelo de realizações copertinentes, que são levadas a termo no interior desse todo. O conceito não é nem retirado da analogia da vida orgânica, nem designa uma disposição ou uma faculdade originária. As funções da filosofia referem-se à estrutura teleológica do sujeito filosofante e à estrutura teleológica da sociedade. Trata-se de realizações, nas quais a pessoa se volta para o interior de si mesma e, ao mesmo tempo, para fora; com essas realizações são aparentadas aquelas realizações da religiosidade e da poesia. Assim, a filosofia é uma realização, que emerge da necessidade do espírito particular de uma meditação sobre o seu fazer, sobre a configuração interna e a firmeza do agir, sobre a forma fixa de sua relação com o todo da sociedade humana; e ela é ao mesmo tempo uma função, que está fundada na estrutura da sociedade e que é indispensável para a perfeição da vida da sociedade: de acordo com isto, ela é uma função, que ocorre de maneira uniforme em muitas cabeças e liga essas cabeças em um nexo social e histórico. Neste último entendimento ela é um sistema cultural. Pois as características de tal sistema são a uniformidade do desempenho em cada indivíduo, que pertence ao sistema cultural, e a copertinência dos indivíduos, nos quais essa realização ocorre. Se essa copertinência assume formas fixas, então surgem em um sistema cultural organizações. Dentre todos os nexos finais, os nexos da arte e da filosofia são aqueles que menos atam os indivíduos uns aos outros; pois a função, que o artista ou o filósofo consumam, não é condicionada por nenhuma estrutura da vida: sua região é a região da mais elevada liberdade do espírito. E se a copertinência do filósofo às organizações da universidade e da academia eleva sua realização para a sociedade: seu elemento vital é e continua sendo a liberdade de seu pensamento, que nunca pode ser restrita e da qual dependem não apenas o seu caráter filosófico, mas também a confiança em sua veracidade incondicionada e, com isto, o seu efeito.

A propriedade mais universal, então, que cabe a todas as funções da filosofia, está fundada na natureza da apreensão objetiva e do pensar conceitual. Vista assim, a filosofia aparece apenas como o pensar mais consequente, mais abrangente; e ele não está apartado da consciência empírica por nenhum limite fixo. Obtém-se a partir da forma do pensar conceitual o fato de que o julgar progride até as generalizações supremas, a formação e a divisão dos conceitos até uma arquitetônica desses conceitos com um ápice supremo e a fundamentação em um princípio último. O pensar refere-se neste fazer ao objeto comum de todos os atos de pensamento das diversas pessoas, ao nexo da percepção sensível, segundo o qual se ordena no espaço a pluralidade das coisas e no tempo a multiplicidade de suas transformações e movimentos: o mundo. Todos os sentimentos e ações volitivas estão coordenados a esse mundo por meio da determinação locativa dos corpos que lhe pertencem e por meio dos componentes intuitivos entretecidos nele. Todos os valores, bens e finalidades estabelecidos nesses sentimentos ou nessas ações volitivas estão articulados nele. A vida humana é abarcada por ele. E, na medida em que o pensar, então, aspira a expressar e a unir todo o conteúdo em termos de intuições, vivências, valores e finalidades, ele progride do encadeamento das coisas e das transformações no mundo em direção ao conceito de mundo. Ele retrocede por meio de fundamentações a um princípio do mundo, a uma causa do mundo, ele busca determinar valor, sentido e

> **A propriedade mais universal de todas as funções da filosofia.**

Segunda Parte – A essência da filosofia compreendida...

significado do mundo, e ele pergunta sobre uma finalidade do mundo. Por toda parte em que, então, esse procedimento da universalização, da disposição ordenada em relação ao todo, da fundamentação, sustentado pelo ímpeto do saber, desprendido da necessidade particular, do interesse restrito, passa para a filosofia. E por toda parte em que o sujeito, que se relaciona com esse mundo em seu fazer, eleva-se no mesmo sentido à meditação sobre esse seu fazer, essa meditação se mostra como filosófica. A propriedade fundamental em todas as funções da filosofia é, com isto, o ímpeto do espírito, que avança para além da vinculação ao interesse determinado, finito, restrito, e aspira a subordinar toda e qualquer teoria que tenha surgido de uma necessidade restrita a uma ideia concludente. Esse ímpeto do pensar está fundado em sua estrutura legal, ele corresponde às necessidades da natureza humana, que quase não admitem uma decomposição segura, à alegria com o saber, à necessidade de uma derradeira firmeza da posição do homem em relação ao mundo, à aspiração por superar o vínculo da vida em suas condições restritas. Todo e qualquer comportamento psíquico busca um ponto firme retirado da relatividade.

As forças atuantes na função filosófica.

Dedução das realizações particulares da filosofia. Essa função geral da filosofia manifesta-se sob as diversas condições da vida histórica em todas as suas realizações que atravessamos. Funções particulares de grande energia emergem das condições múltiplas da vida: a formação da visão de mundo em direção à validade universal, a meditação do saber sobre si mesmo, a ligação das teorias, que se formam nos nexos finais particulares, com o nexo de todo saber, um espírito da crítica que penetra o todo da cultura, o nexo universal e a fundamentação. Eles se revelam todos como realizações particulares, que estão fundadas na essência una da filosofia. Pois a filosofia adapta-se a toda e qualquer posição no desenvolvimento da cultura e a todas as condições de suas situações históricas. E, assim, explica a constante diferenciação de suas realizações, a flexibilidade e a mobilidade, na qual ela ora se desdobra na amplitude do sistema, ora se faz valer em toda a sua força em

108 A essência da filosofia

um problema particular, sempre transpondo a energia de seu trabalho para novas tarefas.

Alcançamos agora o limite, no qual, a partir da apresentação da essência da filosofia, é possível iluminar retrospectivamente a sua história e esclarecer prospectivamente o seu nexo sistemático. **Visão panorâmica da história da filosofia.** Sua história seria compreendida se, a partir do nexo das funções da filosofia, se tornasse apreensível à ordem, na qual, sob as condições da cultura, os problemas vêm à tona uns ao lado dos outros e as possibilidades de sua resolução são percorridas. Se a meditação progressiva do saber sobre si mesmo for descrita segundo os seus estágios principais; se a história perseguir como é que as teorias que surgiram nos nexos finais da cultura estão ligados por meio do espírito filosófico sintético com o nexo do conhecimento e como é que elas são ulteriormente formadas por meio daí, como é que a filosofia cria nas ciências humanas (ciências do espírito) novas disciplinas e, então, as entrega para as ciências particulares; e se essa meditação mostrar como é que pode ser vislumbrado a partir da situação de consciência de um época e a partir do caráter das nações a figura particular, que as visões de mundo filosóficas assumem, e, ao mesmo tempo, de qualquer modo, o progresso constante dos grandes tipos dessa visão de mundo: se isso se der, então a história da filosofia nos legará, para o trabalho filosófico sistemático, os três problemas da fundamentação e da síntese das ciências particulares e a tarefa da confrontação com a necessidade que nunca chega a se aquietar de uma meditação última sobre ser, fundamento, valor, finalidade e seu nexo na visão de mundo, sem levar em conta em que forma e em que direção essa confrontação ocorre.

Consideração final sobre a impossibilidade da posição metafísica do conhecimento

Na presente conclusão da história da posição metafísica do espírito, da história de uma ciência metafísica inviabilizada pela sua posição epistemológica, nós tentamos unificar os fa-

Segunda Parte – A essência da filosofia compreendida...

109

tos que vieram paulatinamente à tona nessa história por meio de uma consideração geral.

O nexo mundano lógico como ideal da metafísica

Na unidade da consciência humana está fundado o fato de as experiências, que essa consciência contém, serem condicionadas pelo nexo, no qual elas entram em cena. A partir daí obtém-se a *lei geral da relatividade*, sob a qual nossas *experiências* sobre a *realidade efetiva externa se encontram*. Uma sensação de gosto é evidentemente condicionada por aquela sensação, que lhe antecede, a imagem de um objeto espacial é dependente da posição daquele que vê no espaço. Por isto, emerge daí a tarefa de determinar esses dados relativos por meio de um nexo, que seja em si fundado e firme. Para a ciência que começa a despontar, essa tarefa estava por assim dizer envolvida na orientação em espaço e tempo, assim como pela busca de uma causa primeira. Do mesmo modo, ela estava entretecida com os impulsos ético--religiosos. Assim, a palavra-princípio ἀρχή dizia respeito à primeira causa e ao fundamento explicativo dos fenômenos não cindidos em si. Caso se parta do que é dado para a sua causa, então tal retrocesso só pode receber a sua certeza a partir da necessidade de pensamento. Por isto, sempre esteve ligado com a busca científica por causar algum grau de consciência lógica do fundamento. Só a dúvida dos sofistas teve como consequência a possibilidade de encontrar uma consciência lógica relativa ao método, às causas ou substâncias, e esse método foi, então, determinado como o retrocesso do dado para as condições necessárias em termos de pensamento desse dado. Uma vez que, de acordo com isto, o conhecimento de causas se ligou com a conclusão e com a necessidade de pensamento que reside nela, então esse conhecimento pressupõe que, no nexo natural, vigore uma necessidade lógica, sem a qual o conhecimento não teria nenhum ponto de ataque. De acordo com isto, corresponde à crença livre no conhecimento das causas, o qual se encontra à base de toda metafísica, um *teorema do nexo lógico na natureza*. Enquanto a forma lógica for, em verdade, dissolvi-

da em componentes formais particulares, mas não persegui-
da retroativamente por meio de uma investigação verdadeiramente analítica que aceda a um ponto por detrás dessas
formas, o desenvolvimento desse teorema não poderá consis-
tir senão na apresentação de uma relação externa da forma
do pensamento lógico e da forma do nexo natural.

Assim, na *metafísica monoteísta* dos antigos e dos medievais, o logicismo na natureza foi considerado como um
dado e a lógica humana como um segundo dado. O terceiro
dado, por sua vez, foi formado pela correspondência entre os
dois. Para esse estado de fato conjunto, era preciso encontrar,
então, uma condição em um nexo que a articulasse. Isto já
tinha sido realizado pela visão projetada por Aristóteles em
seus traços fundamentais, visão essa segundo a qual a razão
divina produz o nexo entre o logicismo da natureza fundado
nela e a lógica humana que emergiu dela.

Quando a situação do saber natural, a força impositiva
da fundamentação teísta foi se dissolvendo cada vez mais,
surgiu a *fórmula* mais simples *de Espinosa*, que eliminou a
razão divina como um elo intermediário. A base da metafísica de Espinosa é a pura certeza de si do espírito lógico, que
submete a si com a consciência metodológica por meio do
conhecimento a realidade efetiva, assim como ela designa
em Descartes o primeiro estágio de uma nova posição do sujeito em relação à realidade efetiva. Considerado em termos
de conteúdo, a concepção de Descartes do nexo mecânico
do todo da natureza entrou em um ponto de vista panteísta
sobre o mundo, e, assim, uma animação geral da natureza se
transpôs para a identidade dos movimentos espaciais com
os processos psíquicos. Considerado em termos epistemológicos, o saber foi explicado aqui a partir da identidade do
nexo mecânico da natureza com a ligação lógica entre os
pensamentos. Por isto, essa doutrina da identidade contém,
além disto, a explicação dos processos *psíquicos* segundo
um nexo mecânico, e, em seguida, lógico em si: o *significado* metafísico *objetivo* e *universal* do *logicismo*. Neste
aspecto, a doutrina dos atributos expressa a identidade *imediata* do nexo causal na natureza com a articulação lógica

Segunda Parte – A essência da filosofia compreendida... 111

das verdades no espírito humano. O *elo médio* dessa ligação, que tinha formado antes disto um deus diverso do mundo, é alijado: "*Ordo et connexio idearum idem est ac ordo et connexio rerum*"[2]. Em uma adequação mais aguda dessa identidade, a direção da sequência é até mesmo concebida nas duas séries como correspondente: "*Effectus cognitio a cognitione causae dependet et eandem involvit*"[3]. Um nexo de axiomas e definições é projetado, a partir do qual o nexo do mundo pode ser construído. Isto acontece por meio de falácias evidentes: pois uma pluralidade de essencialidades autônomas pode ser deduzida a partir dos pressupostos de Espinosa, assim como a unidade na substância divina. Ora, mas a unidade do nexo do mundo e a pluralidade de átomos coisais não são senão os dois lados do mesmo nexo mecânico, isto é, lógico do mundo. Espinosa precisou trazer consigo, portanto, o seu panteísmo, a fim de poder deduzi-lo. Não obstante, vem à tona nesse contexto a consequência do princípio metafísico da razão suficiente com uma completude que ainda não tinha como ser alcançada junto aos antigos. Se esses tinham deixado que a vontade humana vigorasse como um império no império, a fórmula do panlogismo suspende agora essa soberania da vida espiritual. "*In rerum natura nullum datur contingens; sed omnia ex necessitate divinae naturae determinata sunt ad certo modo existendum et operandum*"[4].

A metafísica projetou por meio de *Leibniz* no *princípio de razão* uma fórmula, que enuncia o nexo necessário na natureza enquanto princípio do pensamento. Na exposição desse princípio, a metafísica alcançou a sua conclusão formal. Pois a proposição que expressa o princípio não é uma proposição lógica, mas um princípio metafísico, isto é, ela não ex-

---

2. ESPINOSA. Ética II, proposição 7. (Em latim no original: "A ordem e a conexão das ideias é igual à ordem e a conexão das coisas" [N.T.].)

3. Ibid., I, Axioma 4. (Em latim no original: "O conhecimento de um efeito depende do conhecimento da causa e o envolve" [N.T.].)

4. Ibid., I, proposição 29. (Em latim no original: "Na natureza das coisas nada é dado de contingente, mas tudo é determinado pela necessidade da natureza divina a existir e operar de maneira certa" [N.T.].)

112   A essência da filosofia

pressa uma mera lei do pensamento, mas ao mesmo tempo uma lei do nexo da realidade efetiva e, com isto, também a regra da ligação entre pensar e ser. A sua fórmula derradeira e maximamente perfeita, porém, não é senão aquela que veio à tona na correspondência com Clarke, que aconteceu pouco antes da morte de Leibniz. *"Ce principe est celui du besoin d'une raison suffisante, pour qu'une chose existe, qu'un événement arrive, qu'une vérité ait lieu"*[5]. Esse princípio surge em Leibniz ao lado do princípio de não contradição, e, em verdade, o princípio de não contradição fundamenta as verdades necessárias. Em contrapartida, o princípio de razão fundamenta os fatos e as verdades factuais. Justamente aqui, contudo, se mostra o significado metafísico desse princípio. Apesar de as verdades factuais remontarem à vontade de Deus, essa vontade mesma, de qualquer modo, é por fim guiada pelo intelecto. E, assim, vem à tona por detrás da vontade uma vez mais o semblante de um fundamento lógico do mundo. É isto que Leibniz expressa de maneira completamente clara da seguinte forma: *"Il est vrai, dit on, qu'il n'y a rien sans une raison suffisante pourquoi il est, et pourquoi il est ainsi plutôt qu'autrement. Mais on ajoute, que cette raison suffisante est souvent la simple volonté de Dieu; comme lorsqu'on demande pourquoi la matière n'a pas été placée autrement dans l'espace, les mêmes situations entre les corps demeurant gardées. Mais c'est justement soutenir que Dieu veut quelque chose, sans qu'il y ait aucune raison suffisante de sa volonté, contre l'axiome ou la règle générale de tout ce qui arrive"*[6]. (É verdade, diz-se,

---

5. Na quinta carta de Leibniz para Clarke, § 125. Versões não tão perfeitas podem ser encontradas em *Teodiceia*, § 44, e Monadologia, § 31ss. (Em francês no original: "Este princípio é aquele da necessidade de uma razão suficiente, para que uma coisa exista, para que um acontecimento se dê, para que uma verdade ocorra" [N.T.].)

6. Terceira carta a Clarke, § 7. E, em verdade, Leibniz rejeita expressamente a suposição de que, na mera vontade de Deus, seja encontrada a causa de um estado de fato no mundo. *"On m'objecte qu'en n'admettant point cette simple volonté, ce seroit ôter à Dieu le pouvoir de choisir et tomber dans la fatalité. Mais c'est tout le contraire: on soutient en Dieu le pouvoir de choisir, puisqu'on le fonde sur la raison du choix conforme à sa sagesse. Et ce n'est pas cette fatalité (qui n'est autre chose que l'ordre*

Segunda Parte – A essência da filosofia compreendida...

que não há nada sem uma razão pela qual ele é e pela qual ele é assim e não de outro modo. Mas acrescenta-se que essa razão suficiente é com frequência a simples vontade de Deus; como logo que se pergunta por que a matéria não foi colocada de outro modo no espaço, sem que as situações entre os corpos deixassem de ser mantidas. Mas sustentar justamente que Deus quer qualquer coisa, sem que haja uma razão suficiente de sua vontade, é se colocar contra o axioma ou a regra geral de tudo o que ocorre [M.C.].) De acordo com isto, o princípio da razão suficiente significa a afirmação de um nexo lógico desprovido de lacunas, que concebe em si todo e qualquer fato e, de maneira correspondente, todo e qualquer princípio: ele é a fórmula para o princípio da metafísica apresentado por Aristóteles em uma abrangência mais restrita[7], princípio esse que capta em si desde então não apenas o nexo do cosmos em conceitos, isto é, em formas eternas, mas o fundamento de toda e qualquer transformação, e, em verdade, também no mundo espiritual.

---

le plus sage de la Providence), mais une fatalité ou nécessité brute, qu'il faut éviter, ou il n'y a ni sagesse, ni choix". (§ 8: As pessoas me objetam que não admitir de maneira alguma essa simples vontade seria o mesmo que privar Deus do poder de escolher e recair, com isto, na *fatalidade*. Mas trata-se justamente do contrário: nós sustentamos em Deus o poder de escolher, uma vez que nós o fundamos sobre a razão da escolha conforme à sabedoria. E não é essa fatalidade (a qual não é outra coisa senão a ordem mais sábia da Providência), mas uma fatalidade ou necessidade bruta, que é preciso evitar, onde não há nem sabedoria, nem escolha.) Se Clarke se reporta em relação a ele ao fato de a própria vontade poder ser vista como razão suficiente, então Leibniz responde de maneira peremptória: *"une simple volonté sans aucun motif (a mere will) est une fiction nonseulement contraire à la perfection de Dieu, mais encore chimérique, contradictoire, incompatible avec la définition de la volonté et assez refutée dans la Théodicée"* (Quarta carta para Clarke, § 2: uma simples vontade sem nenhum motivo (uma mera vontade) é uma ficção não apenas contrária à perfeição de Deus, mas mais ainda quimérica, contraditória, incompatível com a definição da vontade e suficientemente refutada na Teodiceia.) Está claro que Leibniz chega assim a uma violência executiva, que leva a cabo a ideia, não a uma vontade real e efetiva.

7. Cf. "Introdução às ciências humanas". Vol. 2, seção 2, capítulo 6: "Aristóteles e a exposição de uma ciência metafísica isolada". In: *Escritos reunidos*. Vol. 1, p. 192ss. Rio de Janeiro: Forense Universitária, 2010 [Trad. de Marco Antonio Casanova].

114 A essência da filosofia

Christian Wolff reconduziu esse princípio ao fato de algo não poder surgir a partir do nada, e, com isto, ao princípio do conhecimento, a partir do qual nós vemos desde Parmênides a metafísica deduzir os seus princípios. "Se uma coisa A contém algo em si, a partir do qual se pode compreender por que B é, por mais que B possa ser ou bem algo em A ou algo fora de A, então se denomina aquilo que pode ser encontrado em A o fundamento de B; A mesmo se chama causa, e de B diz--se que ele estaria fundado em A. O fundamento é justamente aquilo por meio do que se pode compreender por que algo é, e a causa é uma coisa, que contém em si o fundamento de algo diverso". – "Onde algo se faz presente, a partir do que se pode conceber por que ele é, esse algo possui uma razão suficiente. Por conseguinte, onde nenhum algo desse tipo se faz presente, não há aí nada a partir do que se pode conceber por que algo é, a saber, por que ele pode ser efetivamente, e, portanto, ele precisa surgir do nada. De acordo com o fato, porém, de que algo não pode surgir do nada, tudo precisa ter uma razão suficiente pela qual ele é, assim como precisa ser possível em si e ter uma causa, que possa trazê-lo à realidade efetiva, quando falamos de coisas, que não são necessárias. Uma vez, então, que é impossível que algo possa vir a ser a partir do nada, então tudo o que é também precisa ter a sua razão suficiente pela qual ele é". Assim, reconhecemos, então, retrospectivamente no princípio de razão a expressão do princípio que guiou o conhecimento metafísico desde o seu começo[8].

E se olharmos de Leibniz e Wolff para frente, então o pressuposto contido no princípio de razão sobre o nexo mundano lógico foi desenvolvido por fim no sistema de *Hegel* com um desprezo por todo temor diante do paradoxo enquanto princípio real de toda a realidade efetiva. Não faltaram pessoas que tenham colocado em questão esse pressuposto e que tenham buscado, em contrapartida, manter uma metafísica: assim o fez Schopenhauer em sua doutrina da vontade como o fundamento do mundo. Mas toda e qualquer metafísica

---

8. WOLFF. *Ideias racionais sobre Deus etc.*, § 29 e 30.

Segunda Parte – A essência da filosofia compreendida... 115

desse tipo está desde o princípio condenada em sua base por meio de uma contradição interna. Aquilo que se encontra para além de nossa experiência não pode se tornar elucidativo nem mesmo por meio de analogia, para não falar de ele ser demonstrado por meio daí, caso se retire do meio da fundamentação e da demonstração, do nexo lógico, a validade e a amplitude ontológica.

A contradição da realidade efetiva contra esse ideal e a insustentabilidade da metafísica

O *"grande princípio" do fundamento* (assim o designa reiteradamente Leibniz), a fórmula derradeira do conhecimento metafísico, não é, então, porém, *nenhuma lei do pensamento*, sob o domínio da qual nosso intelecto se encontraria como sob o domínio de um fato. Na medida em que a *metafísica persegue a sua requisição por um conhecimento* do sujeito do curso do mundo neste princípio até o seu *primeiro pressuposto*, ela *revela* a sua própria *impossibilidade*.

O princípio do fundamento, no sentido de Leibniz, não é uma lei do pensamento, ele *não* pode ser colocado *ao lado da lei de pensamento relativa ao princípio de não contradição*. Pois a lei de pensamento ligada ao princípio de não contradição é válida em cada ponto de nosso saber; onde nós asseveramos algo, ela precisa estar em consonância com esse algo, e se encontrarmos uma afirmação que se encontre em desacordo com ele, então ela é com isto suspensa. De acordo com isto, todo saber e toda certeza se encontram sob o controle dessa lei do pensamento. Nunca se trata para nós de saber se queremos ou não empregá-lo, mas logo que asseveramos algo, nós submetemos a ele essa asserção. Pode acontecer de nós não notarmos em um ponto a contradição de uma asserção com a lei de pensamento ligada ao princípio de não contradição; não obstante, logo que mesmo o homem completamente desprovido de erudição tem sua atenção voltada para essa contradição, ele não se subtrai à consequência de que, entre asserções que se encontram de tal modo em contradição umas com as outras, só uma pode ser verdadeira e uma precisa ser falsa. O princípio do fundamento, em contrapartida, concebido no sentido de Leibniz e de Wolff, não tem evidentemente a mesma posição em nosso pensamento, e não seria, portanto, correto, se Leibniz justapusesse as duas sentenças como princípios equivalentes. Foi isto que obtivemos a partir de toda a história do pensamento metafísico. O homem na época da representação mítica se contrapõe a poderes volitivos, que eram compatíveis com uma liberdade incalculável. Teria sido inútil se um lógico tivesse se apresentado para esse homem preso na representação mítica e tivesse deixado claro para ele o seguinte: o nexo necessário do curso do mundo é suspenso lá onde vigoram teus deuses. Tal intelecção nunca teria conseguido perturbar as convicções daquele homem em relação aos seus deuses. Ao contrário, ela apenas deixaria mais claro para ele aquilo que se estende para além do nexo lógico do mundo e que estava coinserido em tal crença como uma força violenta. O homem na aurora da ciência buscava, então, um nexo interno no cosmos, mas a crença no poder livre dos deuses em meio a esse cosmos tinha se cristalizado nele. O homem grego no tempo de florescimento da metafísica considerava a sua vontade como livre. Aquilo que estava dado para ele em um saber vivo e imediato tornou-se incerto para ele por meio do fato de a consciência da necessidade do pensamento ter estado do mesmo modo presente nele; compatível com essa consciência lógica se mostrou muito mais para ele a fixação daquilo que ele possuía em um saber imediato como liberdade. O homem medieval mostrou uma inclinação excessiva para considerações lógicas, mas essas considerações não o determinaram a abdicar do mundo histórico-religioso, no qual ele vivia e que fazia com que passasse despercebido por ele o nexo necessário em termos de pensamento. – E as experiências da vida cotidiana confirmam aquilo que a história mostrou. O espírito humano não acha suportável ver quebrado o nexo lógico, por intermédio do qual ele vai além do imediatamente dado, lá onde ele experimenta em um saber vivo e imediato uma configuração livre e um poder da vontade.

Se o princípio do fundamento, na concepção de Leibniz, não tem a validade incondicional de uma lei de pensamento,

Segunda Parte – A essência da filosofia compreendida...

como é que conseguimos determinar a sua posição no nexo da vida intelectual? Na medida em que buscamos seu *lugar*, *o solo de direito* de toda e qualquer *metafísica consequente* é colocado à prova.

Caso distingamos o fundamento lógico do fundamento real, o nexo lógico do real, então o fato do nexo lógico em nosso pensamento, que se apresenta na conclusão, pode ser expresso pela proposição: com o fundamento se estabelece a consequência e, com a consequência, o fundamento é suspenso. Essa necessidade da articulação encontra-se de fato em todo silogismo. Agora podemos mostrar que estamos em condição de *conceber e representar* a natureza, na medida em que nós *buscamos esse nexo da necessidade de pensamento nela*. Não podemos nem mesmo representar o mundo exterior, a não ser que conhecer signifique buscar, sem um nexo necessário de pensamento, conclusivamente nele. Pois não podemos reconhecer por si como realidades efetivas objetivas as impressões particulares, as imagens particulares. Elas são relativas no nexo factual, no qual elas se encontram na consciência graças à sua unidade, e só podem ser, por conseguinte, usadas nesse contexto, para fixar um estado de fato externo ou uma causa natural. Toda e qualquer imagem do espaço está ligada com a posição dos olhos, assim como com a mão que aperta, posição essa para a qual essa imagem se faz presente. Cada impressão temporal está ligada com a medida das impressões naquele que apreende e no nexo entre elas. As qualidades da sensação são condicionadas pela relação, na qual os estímulos do mundo exterior se encontram com os nossos sentidos. Não conseguimos julgar diretamente as intensidades da sensação e expressá-la em valores numéricos, mas designamos apenas a relação de uma intensidade da sensação com uma outra. Assim, a produção de uma conexão não é um primado, que se segue à apreensão da realidade efetiva, mas ninguém capta isoladamente uma imagem instantânea como realidade efetiva, nós a possuímos em um contexto, por intermédio do qual nós, ainda antes de toda ocupação científica, buscamos fixar a realidade efetiva.

A ocupação científica insere um método nesse procedimento. A partir do eu móvel e mutável, ela transpõe o ponto central do sistema de determinações, ao qual as impressões são ordenadas, para o interior desse sistema mesmo. Ela desenvolve um espaço objetivo, no interior do qual a inteligência particular se encontra em uma posição determinada, um tempo objetivo, em cuja linha o presente do indivíduo assume um ponto, assim como um nexo causal objetivo e unidades elementares fixas, entre as quais esse ponto ocorre. Toda a direção da ciência aponta para a possibilidade de, no lugar das imagens instantâneas, nas quais algo múltiplo aparece justaposto, por intermédio das relações perseguidas pelo pensamento, estabelecer uma realidade objetiva e um nexo objetivo. E cada juízo sobre a existência e a constituição de um objeto externo é, por fim, condicionado pelo nexo de pensamento, no qual essa existência ou constituição são estabelecidas como necessárias. A conjunção casual de impressões em um sujeito mutável forma apenas o ponto de partida para a construção de uma realidade efetiva universalmente válida.

De acordo com isto, a proposição: todo e qualquer dado se encontra em um nexo necessário de pensamento, no qual ele estaria condicionado e que ele mesmo condicionaria, domina de início a resolução da tarefa de fixar juízos universalmente válidos e firmes sobre o mundo exterior. A *relatividade*, na qual o dado entra em cena no mundo exterior, é apresentada pela análise científica na *consciência das relações*, que condicionam o dado na percepção. Assim, toda e qualquer concepção dos objetos do mundo exterior já surgem sob o princípio do fundamento.

Este é um lado da coisa. Por outro lado, porém, a *aplicação* crítica do *princípio do fundamento* precisa abdicar de um *conhecimento metafísico* e se satisfazer com a concepção de relações exteriores de dependência no interior do mundo exterior. Pois os *componentes do dado* são *heterogêneos* por causa de sua *proveniência diversa*, isto é, eles são incomparáveis. De acordo com isto, eles não podem ser reconduzidos um ao outro. Uma cor não pode ser colocada em uma conexão interna direta com um som ou com a impres-

Segunda Parte – A essência da filosofia compreendida...

são de espessura. Por isto, o estudo do mundo exterior precisa deixar sem solução a relação interna do que é dado na natureza e precisa se satisfazer, com isto, com a apresentação de um nexo fundado no espaço, no tempo e no movimento, que une as experiências em um sistema. Assim, em verdade, a concepção e o conhecimento do mundo exterior se encontram sob o domínio da seguinte lei: tudo aquilo que é dado na percepção sensível acha-se em um nexo necessário em termos de pensamento, no qual ele é condicionado e ele mesmo condiciona, e é só nesse nexo que ele serve à concepção do existente. Mas o aproveitamento dessa lei foi restrito por meio das condições da consciência à mera produção de um nexo exterior de relações, por meio das quais se determina para os fatos o seu lugar no sistema das experiências. Justamente a necessidade da ciência de produzir tal nexo necessário em termos de pensamento conduziu a que se abstraísse do nexo interior essencial do mundo. Esse nexo foi substituído por um nexo de natureza mecânico-matemática, e foi só por meio daí que as ciências do mundo exterior se tornaram positivas. Com isto, a partir da necessidade interna dessas ciências, a metafísica foi rejeitada como infrutífera, ainda antes de o movimento epistemológico ter se voltado contra ela em Locke, Hume e Kant.

Pois bem, mas a *posição da lei do conhecimento do fundamento em relação às ciências do espírito (ciências humanas)* é uma posição diversa daquela em relação às ciências do mundo exterior: isto também torna completamente impossível uma subordinação de toda a realidade efetiva a um nexo metafísico. Aquilo de que me conscientizo não é relativo enquanto estado de mim mesmo, tal como acontece com um objeto externo. Uma verdade do objeto externo como concordância da imagem com uma realidade não existe, pois essa realidade não é dada em nenhuma consciência e se subtrai, portanto, à comparação. Como o objeto se parece, quando ninguém o acolhe na consciência, não se tem como querer saber. Em contrapartida, aquilo que eu vivencio em mim está enquanto fato da consciência para mim presente, porque eu me conscientizo dele: fato da consciência não é outra coisa senão aquilo de que eu me conscientizo. Nossa esperança e nossa aspiração, nosso desejar e nosso querer, esse mundo interior é enquanto tal a coisa mesma. Não importa que visão alguém possa alimentar sobre os componentes desses fatos psíquicos – e a teoria kantiana do sentido interno como um todo só pode parecer justificada logicamente enquanto tal visão –: não se toca por meio daí no fato de tais fatos de consciência existirem[9]. Por isto, aquilo de que nos conscientizamos, enquanto estado de nós mesmos, não nos é dado relativamente, tal como acontece com o objeto exterior. Somente quando tivermos levado a um conhecimento mais claro para nós esse saber imediato ou quando o quisermos comunicar para outros, surgirá a questão de saber em que medida nós nos lançamos por meio daí para além do que é desdobrado na percepção interior. Os juízos que enunciamos só são válidos sob a condição de que os atos de pensamento não alterem a percepção interior, de que essa decomposição e articulação, esse julgar e concluir conservem os fatos sob as novas condições da consciência enquanto as mesmas. Por isto, o princípio do fundamento, segundo o qual todo e qualquer dado se encontra em um nexo necessário de pensamento, no qual ele é condicionado e condiciona, nunca pode ter, em relação à esfera dos fatos espirituais, a mesma posição que ele pode pretender em face do mundo exterior. Ele não se mostra aqui como a lei, sob a qual cada representação da realidade efetiva se acha. Somente na medida em que os indivíduos assumem um lugar no mundo exterior, entram em cena em um ponto temporal e produzem efeitos patentes no mundo exterior, é que eles são inseridos concomitantemente na rede desse nexo. Assim, em verdade, a representação plena dos fatos espirituais pressupõe a sua inserção externa no nexo criado pela ciência natural. Todavia, os fatos espirituais estão presentes independentemente deste nexo enquanto realidade efetiva e possuem a sua plena realidade.

---

9. KANT. *Crítica da razão pura*, I, 1 § 57: "O tempo é com certeza algo real e efetivo, a saber, a forma real e efetiva da intuição pura. Ele tem, portanto, uma realidade subjetiva no que concerne à experiência interna, isto é, eu tenho efetivamente a representação do tempo e de minhas determinações nele". Nestas frases, aquilo que eu afirmei de início acima só é reconhecido em uma ligação com uma teoria sobre os componentes da percepção interior.

Segunda Parte – A essência da filosofia compreendida...

Assim, no princípio do fundamento temos a raiz lógica de toda metafísica consequente, isto é, da ciência da razão, assim como reconhecemos na relação do ideal lógico que desse modo surgiu com a realidade efetiva a origem da dificuldade dessa ciência da razão. Essa relação torna desde então compreensível para nós uma grande parte dos *fenômenos* até aqui expostos *da metafísica* sob um *ponto de vista maximamente genérico*. De maneira consequente, é só a metafísica que é, segundo a sua forma, ciência da razão, isto é, que busca apresentar um nexo lógico mundano. Ciência da razão, portanto, foi por assim dizer a engrenagem da metafísica europeia. Mas o sentimento da vida no homem veraz, naturalmente forte, e o conteúdo que lhe é dado do mundo não se deixaram esgotar no nexo lógico de uma ciência universalmente válida. Os conteúdos particulares da experiência, que estão cindidos um do outro em sua proveniência, não se deixam transportar por meio do pensamento de uma para a outra. Cada tentativa, porém, de apresentar um nexo diverso do nexo lógico, acabou por suspender a forma da ciência em favor do conteúdo.

Toda a fenomenologia da metafísica mostrou que os conceitos e princípios metafísicos não emergiram da pura posição do conhecimento em relação à percepção, mas a partir do trabalho do conhecimento junto a um nexo criador por meio da totalidade do ânimo. Nesta totalidade, um outro está ao mesmo tempo presente junto com o eu, um outro que é dado como algo independente em relação ao eu: junto com a vontade, à qual ele resiste e que não consegue alterar as impressões, com o sentido, que sofre dele; imediatamente, portanto, não por meio de uma conclusão, mas como vida. Esse sujeito em face de nós, essa causa atuante, a vontade do conhecimento gostaria de penetrá-lo e dominá-lo sobre o ponto de vista natural. Ele não está consciente de início do nexo do sujeito do curso da natureza com a autoconsciência. De maneira autônoma, essa autoconsciência se contrapõe a ele na percepção exterior, e aspira a concebê-lo com os meios que lhe são dados do conceito, do juízo, da conclusão, e, de acordo com isto, como um nexo necessário em termos de pensamento. Mas o que é dado na totalidade de nosso ser nunca pode ser completamente dissolvido em pensamentos. Ou bem o conteúdo da metafísica foi insuficiente para as exigências da natureza humana cheia de vida, ou bem as demonstrações se revelaram como insuficientes, na medida em que elas aspiravam a ultrapassar aquilo que o entendimento consegue constatar junto à experiência.

O que encontra no dado uma proveniência autônoma possui um cerne indissolúvel para o conhecimento, assim como conteúdos da experiência, que são cindidos uns dos outros por meio de sua origem, não se deixam transportar de um para o outro. Por isto, a metafísica foi preenchida por falsas derivações e por antinomias. Assim, emergiram de início antinomias entre o intelecto que conta com grandezas finitas e a intuição, antinomias essas que pertencem ao conhecimento da natureza exterior. Seu campo de luta já tinha sido a metafísica da Antiguidade. O elemento constante no espaço, no tempo e no movimento não tem como ser alcançado por meio da construção em conceitos. A unidade do mundo e sua expressão no nexo consonante com o pensamento entre formas e leis universais não têm como ser esclarecidos por meio de uma análise, que decompõe em elementos, e por meio de uma síntese, que compõe a partir desses elementos. O fechamento da imagem intuitiva é uma vez mais suspenso por meio da ilimitação da vontade do conhecimento, vontade essa que se lança para além dessa imagem. A essa se aliam outras antinomias, na medida em que o representar se dispõe a acolher as unidades psíquicas vitais entrelaçadas no curso do mundo em seu nexo e o conhecer a submetê-las ao seu sistema. Assim, surgiram de início as antinomias teleológicas e metafísicas da Idade Média, e, quando o tempo moderno buscou conhecer o próprio acontecimento psíquico em seu nexo causal, adicionaram-se a essas antinomias as contradições entre o pensamento calculador e a experiência interna no interior do tratamento metafísico da psicologia. Essas antinomias não têm como ser resolvidas. Para a ciência positiva, eles não se fazem presentes; e, para a teoria do conhecimen-

Segunda Parte – A essência da filosofia compreendida... 123

to, sua origem subjetiva é transparente. Por isto, elas perturbam a harmonia de nossa vida espiritual. Mas elas trituraram a metafísica.

Se o pensamento metafísico quer, apesar de tais contradições, conhecer efetivamente o sujeito do mundo: então isto não pode significar outra coisa para ele senão – logicismo. Toda metafísica, que pretenda se dispor a conhecer o sujeito do curso do mundo, mas busque nesse curso algo diverso de uma necessidade de pensamento, recai necessariamente em uma contradição evidente entre a sua meta e os seus meios. *O pensar não tem como encontrar outro nexo além do lógico na realidade efetiva.* Pois uma vez que só o resultado de nossa autoconsciência nos é imediatamente dado e uma vez que, de acordo com isto, nós não olhamos diretamente para o interior da natureza, quando queremos formar independentemente do logicismo uma imagem sobre esse interior, nós estamos circunscritos a uma transposição de nossa própria interioridade para a natureza. Isto, porém, não pode ser senão um jogo poético de uma representação analógica, que ora insere os abismos e as forças obscuras de nossa vida psíquica, ora a harmonia tranquila dessa vida, a vontade livre e clara e a fantasia imagética no sujeito do curso da natureza. Os sistemas metafísicos marcados por esse direcionamento só possuem, de acordo com isto, quando levados a sério em termos científicos, o valor de um protesto contra o nexo necessário em termos de pensamento. Assim, eles preparam a intelecção de que, no mundo, está contido mais e está inserido algo diverso desse nexo. Aí apenas residia o significado provisório da metafísica de Schopenhauer e de escritores com ele aparentados. Ela é no fundo uma mística do século XIX e um protesto cheio de vida e de vontade contra toda metafísica como uma ciência consequente. Quando, em contrapartida, o conhecimento segundo o princípio do fundamento se decidiu a se apoderar do sujeito do curso do mundo, ele só descobriu uma necessidade de pensamento como o cerne do mundo. Por isto, não existe para ele nem o Deus da religião, nem a experiência da liberdade.

Os laços do nexo metafísico do mundo não podem ser determinados de maneira inequívoca pelo entendimento

Nós prosseguimos. A metafísica só consegue produzir o encadeamento das experiências interiores e exteriores por meio de representações sobre um nexo interno de conteúdo. E se nós visualizamos essas representações, obtém-se a partir daí a impossibilidade da metafísica. Pois essas representações são inacessíveis para uma determinação clara e inequívoca.

O processo de diferenciação, no qual a ciência se separou dos outros sistemas da cultura, mostrou-se para nós como constantemente progredindo. Não foi de uma vez que o nexo final do conhecimento se libertou das amarras de todas as forças do ânimo. Quanta semelhança não tinha de qualquer modo ainda a natureza, que passa do estado interior para o outro estado segundo uma vitalidade interna, ou o princípio delimitador no ponto central do mundo, que atrai a matéria para si e a configura, com as forças divinas da teogonia de Hesíodo! E por quanto tempo não se mostrou como dominante a visão, que reconduziu a ordem consonante com o pensamento do universo a um sistema de essencialidades psíquicas! Foi apenas penosamente que o intelecto se destacou dessa conjunção interior. Paulatinamente, ele se habituou a se manter em casa na natureza com cada vez menos alma e vida e a reconduzir o nexo do curso do mundo a formas cada vez mais simples da ligação interna. Por fim, mesmo a consonância a fins enquanto forma de um nexo interno de conteúdo foi colocada em questão. Como os dois *laços interiores*, que mantinham coeso o curso do mundo em todas as suas partes, restaram a *substância* e a *causalidade*.

Na medida em que nós reevocamos o destino dos conceitos de substância e causalidade, obtém-se o seguinte: metafísica enquanto ciência é impossível.

O nexo necessário em termos de pensamento insere a substância e a causalidade como grandezas fixas no encadeamento umas com as outras de impressões que se seguem e que subsistem justapostas. Agora, a metafísica experimenta

Segunda Parte – A essência da filosofia compreendida... 125

algo maravilhoso. Neste tempo de sua confiança ainda não abalada pela teoria do conhecimento, ela está convencida de que sabe o que seria preciso pensar por substância e por causalidade. Na realidade, sua história mostra uma constante mudança na determinação desses conceitos e tentativas vãs de desenvolvê-los com uma clareza desprovida de contradições.

Já a nossa representação da *coisa* não tem como ser apresentada claramente. Como é que a unidade da qual são inerentes múltiplas propriedades, estados, atuações e sofrimentos, pode ser demarcada por esses últimos? O elemento persistente nas transformações? Ou como é que eu consigo constatar, quando é que uma transformação da mesma coisa ainda ocorre e quando ela deixou muito mais de ser a coisa que ela é? Como é que eu consigo destacar aquilo nela que permanece daquilo que muda? Tudo o que é espacial é divisível, não contém, portanto, em parte alguma uma unidade indivisível que se mantenha coesa, e, por outro lado, desaparecem juntamente com o espaço, quando eu me abstraio dele, todas as qualidades sensíveis da coisa. Não obstante, essa unidade não pode ser explicada a partir da mera composição de impressões diversas (na percepção e na associação); pois justamente em oposição a isso, ela expressa um copertencimento interior.

Impelido por essas dificuldades, o *conceito de substância* vem à tona. Tal como comprovamos historicamente, ele surgiu da necessidade de apreender de maneira consonante com o pensamento o elemento fixo, que acolhemos em cada coisa como unidade insistente, empregando-o para a solução da tarefa de referir as impressões cambiantes a algo permanente, no qual elas estão ligadas. Mas como não há nada senão a elaboração científica da representação da coisa, ele só desdobra de maneira mais clara e distinta as dificuldades que estão estabelecidas nessa representação. Vimos como mesmo o gênio metafísico de Aristóteles lutou em vão para resolver esse problema. Também é vão, quando a substância é transposta para o átomo. Pois com ela suas contradições também são transpostas para o interior desse elemento espacial indivisível, para essa coisa em dimensões diminutas, e a ciência da natureza precisa se satisfazer em, na medida em que ela forma o conceito de algo, que pode ser decomposto ulteriormente em nosso curso natural, excluir de si essas dificuldades: ela abdica de sua solução. Assim, transforma-se o conceito metafísico do átomo em um mero conceito auxiliar para o domínio das experiências. Do mesmo modo, as dificuldades não são resolvidas, quando a substância das coisas é transposta para a *sua forma*. Foi em vão que vimos toda a metafísica das formas substanciais lutar com as dificuldades desse conceito, e a ciência precisa se satisfazer finalmente, preservando seus limites contra o insondável, em tratar esse conceito como um mero símbolo para um estado de fato que se oferece ao conhecimento, quando ele busca o nexo dos fatos, como uma unidade objetiva nesses fatos, por mais que ele seja insolúvel em seu conteúdo real.

E no cerne do próprio conceito de substância, sem se importar se ele é referido ao átomo ou a formas naturais, permanece uma dificuldade que não tem como ser dominada. A ciência de um nexo necessário em termos de pensamento do mundo exterior impele a tratar a substância como uma grandeza fixa e, por conseguinte, a transpor a mudança, o devir e a transformação para o interior das relações entre esses elementos. Mas logo que esse procedimento se mostra como mais do que uma construção auxiliar das condições para a pensabilidade do nexo da natureza; logo que uma determinação sobre a essência metafísica do substancial deve ser deduzida, entra em cena uma espécie de jogo de paciência. A transformação interna é, então, transposta para o interior do acontecimento psíquico. Aqui, brilha agora como um raio a cor, ressoa o som. Então, não temos senão uma escolha: contrapor a vitalidade interior a um mecanismo rígido e, assim, abdicar da unidade metafísica do nexo do mundo buscado por nós ou apreender os elementos imutáveis em seu valor verdadeiro como meros conceitos auxiliares.

Cansar-nos-ia se quiséssemos mostrar agora como é que o conceito de *causalidade* se encontra submetido a dificuldades semelhantes. Aqui também, a mera associação não tem como explicar a representação do laço interior, e, contudo, o

Segunda Parte – A essência da filosofia compreendida... 127

entendimento não pode projetar uma fórmula, na qual fosse composto um conceito a partir de elementos sensíveis ou intelectivamente claros, conceito esse que representasse o conteúdo da representação causal. E, assim, a causalidade sai do mesmo modo de um conceito metafísico para se tornar um mero meio auxiliar para o domínio das experiências externas. Pois a ciência da natureza só pode reconhecer como componente do seu nexo cognitivo aquilo que pode ser atestado por meio de elementos da percepção exterior e por meio de operações do pensamento com eles.

Se, então, a substância e a causalidade não têm como ser concebidas como formas objetivas do curso da natureza, seria natural para a ciência que trabalha com elementos abstratos, preparados pelo entendimento, reter nesses elementos ao menos *formas a priori da inteligência*. A teoria do conhecimento de Kant, que utilizou as abstrações da metafísica com um intuito epistemológico, acreditava poder ficar parada neste ponto. Em seguida, esses conceitos possibilitariam ao menos um nexo firme, apesar de subjetivo, dos fenômenos.

Se eles fossem tais formas da própria inteligência, então eles precisariam ser completamente transparentes enquanto formas dessa inteligência. Casos dessa transparência são a relação do todo com as partes, o conceito de igualdade e diferença; neles não existe nenhuma contenda sobre a interpretação dos conceitos: sob o conceito de igualdade, B só pode pensar o mesmo que A. Os conceitos de causalidade e de substância não são evidentemente de tal tipo. Eles possuem um cerne obscuro dotado de uma factualidade não dissolvível em elementos sensíveis ou inteligíveis. Eles não podem ser inequivocamente decompostos como conceitos numéricos em seus elementos; sua análise levou de qualquer modo a contendas sem fim. Ou como é, por exemplo, que uma base permanente, na qual se alteram propriedades e atividades, sem que esse elemento ativo mesmo experimente em si transformações, pode ser representado? Como é que ele pode se tornar palpável para o entendimento?

Se a substância e a causalidade fossem tais formas da inteligência *a priori*, e, por conseguinte, se eles fossem dados com a própria inteligência, então nenhum componente dessas formas de pensamento poderia ser abandonado e trocado por outro. Na realidade, como vimos, a representação mítica assumiu nas causas uma vitalidade livre e uma força psíquica, que não seria passível de ser encontrada em nosso conceito de uma causa no curso da natureza. Os elementos, que foram representados originariamente na causa, experimentaram uma diminuição constante e outros entraram em sua posição em meio a um processo de adaptação da representação originária ao mundo exterior. Esses conceitos possuem uma história de desenvolvimento.

O fundamento mesmo, a partir do qual as representações de substância e de causalidade se revelam como não estando aptas a uma determinação clara e inequívoca, só pode ser apresentado no interior dessa consideração fenomenológica da metafísica como uma possibilidade, que a teoria do conhecimento tem em seguida que comprovar. Na totalidade das forças de nosso ânimo, na autoconsciência viva preenchida, que experimenta a atuação efetiva de um outro, reside a origem viva desses dois conceitos. Uma transposição ulterior a partir da autoconsciência para o mundo exterior em si inanimado, transposição essa por meio da qual esse mundo exterior receberia em uma representação mítica a vida, não precisa ser assumida aqui. O outro pode ser dado na autoconsciência como realidade efetiva viva de maneira tão originária quanto o si mesmo. O que, porém, é dado na totalidade das forças do ânimo, nunca pode ser totalmente esclarecido pela inteligência. O processo de diferenciação do conhecimento na ciência progressiva, por isto, enquanto processo de abstração, pode se abster cada vez mais de elementos desse vivente: não obstante, o cerne indissolúvel permanece. Assim, esclarecem-se todas as propriedades, que esses dois conceitos de substância e de causalidade mostraram no curso da metafísica, e é possível perceber que mesmo futuramente todo e qualquer artifício do entendimento se tornará impotente em face dessas propriedades. Por isto, uma autêntica ciência da natureza tratará esses conceitos como meros sinais para um x, que carece de seu cálculo. O complemento desse procedimento reside na análise da consciência, que indica o valor originário

Segunda Parte – A essência da filosofia compreendida...

desses sinais e os fundamentos, a partir dos quais eles são indispensáveis no cálculo das ciências naturais.

As ciências do espírito (ciências humanas) se comportam de maneira totalmente diversa em relação a esses conceitos. Elas só retêm legitimamente dos conceitos de substância e de causalidade aquilo que estava dado na autoconsciência e na experiência interior, e elas abdicam de tudo aquilo que provém neles da adequação ao mundo exterior. Elas não podem, por isto, fazer nenhum uso direto desses conceitos para a designação de seus objetos. Tal uso muitas vezes as prejudicou e nunca lhes foi útil em ponto algum. Pois esses conceitos abstratos nunca puderam dizer para o investigador da natureza humana mais sobre essa natureza do que o que estava dado na autoconsciência, a partir da qual elas provieram. Mesmo se o conceito de substância fosse aplicável à alma, ele não conseguiria fundamentar alguma vez a imortalidade de uma ordem religiosa das representações. Caso se reconduzisse o surgimento da alma a Deus, então aquilo que surgiu também pode perecer, ou o que se isolou em um processo de emancipação retornou à unidade. Caso se exclua, porém, a suposição de uma criação ou de uma irradiação de substâncias anímicas de Deus, então a substância anímica exige uma ordem mundana ateísta: as almas são, então, sem levar em conta se elas são sozinhas sem Deus ou se elas são independentes ao lado de Deus, deuses que não vieram a ser.

Uma representação de conteúdo do nexo mundano não tem como ser comprovada

Na medida em que a metafísica continua perseguindo a sua tarefa, emergem das condições da metafísica novas dificuldades, que tornam impossível uma solução da tarefa. Um determinado *nexo interno objetivo* da realidade efetiva, sob a *exclusão* dos outros nexos possíveis, não é *demonstrável.* Em outro ponto, portanto, constatamos o seguinte: a metafísica é impossível enquanto ciência.

Pois ou bem esse nexo é derivado de verdades *a priori*, ou ele é indicado junto ao dado. – Uma *derivação a priori* é impossível. Kant retirou a última consequência da metafísica na direção de abstrações progressivas, na medida em que ele desenvolveu efetivamente um sistema de conceitos e verdades *a priori*, tal como já pairava diante do espírito de Aristóteles e do espírito de Descartes. No entanto, ele demonstrou de modo irrefutável que mesmo sob essa condição "o uso de nossa razão só alcança os objetos da experiência possível". Todavia, a coisa da metafísica talvez não se mostre nem mesmo tão favorável quanto Kant supôs. Se a causalidade e a substância não são de maneira alguma conceitos determináveis de maneira unilateral, mas a expressão de fatos indissolúveis da consciência, então eles se subtraem completamente à utilização para a derivação de um nexo do mundo necessária em termos de pensamento. – Ou a metafísica sai retroativamente do *dado* para as suas *condições*. Assim, quando nos abstraímos dos *insights* arbitrários, há um consenso em relação ao curso natural quanto ao fato de que a análise desse curso reconduz a partículas de massa, que atuam umas sobre as outras segundo leis, como as últimas condições necessárias da ciência natural. Agora, reconhecemos que entre a existência desse átomo e os fatos de sua ação recíproca, da lei natural e das formas naturais, não está presente para nós nenhum tipo de ligação. Nós vimos que não ocorre nenhuma semelhança entre tais átomos e as unidades psíquicas, que entram em cena como indivíduos incomparáveis no curso do mundo, experimentam nesse curso transformações vitais interiores e desaparecem uma vez mais dele. De acordo com isto, os últimos conceitos, aos quais as ciências do real e efetivo alcançam, não contêm a unidade do curso do mundo. – Ora, nem átomos, nem leis são sujeitos reais do processo natural. Pois os sujeitos, que formam a sociedade, nos são dados; em contrapartida, o sujeito da natureza ou a maioria dos sujeitos naturais não, mas nós só possuímos a imagem do curso da natureza e o conhecimento de seu nexo exterior. Agora, contudo, esse curso da natureza mesmo, juntamente com seu nexo, é apenas fenômeno para a nossa consciência. Os sujeitos, que nós submetemos a ela, pertencem, portanto, do mesmo modo, à fenomenalidade. Eles são apenas conceitos auxiliares para a representação

Segunda Parte – A essência da filosofia compreendida...

do nexo em um sistema das determinações predicativas, que constituem a natureza: das propriedades, ligações, transformações e movimentos. Por isto mesmo, eles são apenas uma parte do sistema de determinações predicativas, cujo sujeito real permanece desconhecido.

Uma *metafísica*, que sabe abdicar e só se dispõe a articular os *conceitos últimos*, aos quais as *ciências empíricas alcançam*, com um *todo representável*, não tem jamais como superar nem a relatividade do círculo da experiência, que esses conceitos apresentam, nem a relatividade da sede e da constituição da inteligência, que reúne as experiências em um todo. Na medida em que comprovamos isso, mostra-se a partir de dois novos ângulos o seguinte: a metafísica é impossível enquanto ciência.

A metafísica *não supera a relatividade do círculo de experiências*, a partir do qual seus conceitos são conquistados. Nos últimos conceitos das ciências são apresentadas as condições de sua pensabilidade para o número determinado de estados de fato fenomenais dados, que formam o sistema de nossa experiência. Ora, a representação dessas condições se transformou juntamente com o incremento de nossas experiências. Assim, um nexo das transformações segundo leis, que hoje une as experiências em um sistema, não tinha sido conhecido pela Antiguidade. Por isto, tal representação de condições tem sempre apenas uma verdade relativa, isto é, ela não designa uma realidade, mas *entia rationis*, coisas de pensamento, que possibilitam o domínio do pensamento e da intervenção sobre um nexo restrito dado de fenômenos. Caso representemos uma ampliação repentina da experiência humana, então os *entia rationis*, que devem expressar as condições dessa experiência, precisam se adaptar à sua ampliação; quem pode dizer até que ponto, então, a transformação interviria? E caso se busque, então, para esses conceitos derradeiros um nexo unificador, então o valor do conhecimento da hipótese que assim surgiu não pode ser um valor maior do que o valor de sua base. O mundo metafísico, que se abre por detrás dos conceitos auxiliares da ciência natural, portanto, é por assim dizer na segunda potência – um *Ens rationis*.

Isto não é confirmado por toda a história da metafísica? A substância de Espinosa, o átomo dos monistas, as mônadas de Leibniz, os reais de Herbart confundem as ciências naturais, na medida em que eles trazem da vida psíquica interior elementos para o curso da natureza, e eles diminuem a vida espiritual, na medida em que eles buscam um nexo natural na vontade. Eles não conseguem suspender a dualidade que atravessa a história da metafísica como um todo entre a visão de mundo mecânico-atomista e a visão de mundo que parte da totalidade.

A metafísica *também não supera tampouco a subjetividade restrita da vida psíquica*, que se encontra na base de toda e qualquer ligação metafísica dos últimos conceitos científicos. Essa afirmação contém duas proposições em si. Uma representação uniforme do sujeito do curso do mundo vem a termo por meio da mediação daquilo que a vida psíquica insere aí. Essa vida psíquica, contudo, está em constante desenvolvimento, é incalculável em seus desdobramentos exteriores, e, por isto, incapaz de articular os conceitos derradeiros das ciências particulares e de uma maneira definitiva.

Pois o que significa a *representabilidade* ou a *pensabilidade* daqueles estados de fato, em direção aos quais avançam as ciências particulares, tal como a metafísica aspira a produzi-los? Se a metafísica quer unificar esses estados de fato em uma representação tangível, então a única coisa que se encontra à sua disposição de início é o princípio de não contradição. Onde, porém, existe uma contradição entre as duas condições do sistema das experiências, não se carece aí de nenhum princípio positivo, para decidir entre as proposições contraditórias. Se um metafísico afirma que só com base nesse princípio de não contradição seria possível articular os fatos últimos, aos quais a ciência alcança, na pensabilidade, então é sempre possível comprovar pensamentos positivos, que dirigem secretamente as suas decisões. A pensabilidade, portanto, precisa significar aqui mais do que ausência de contradição. De fato, os sistemas metafísicos também produzem o seu nexo com os meios de uma potência dotada de um conteúdo completamente diverso. Pensabilidade é aqui ape-

Segunda Parte – A essência da filosofia compreendida...

nas uma expressão abstrata para representabilidade. Essa representabilidade, porém, não envolve outra coisa para além do fato de que o *pensar*, quando ele *abandona o solo* firme da *realidade efetiva* e da análise, *continua sendo guiado* apesar disto pelos *resíduos do que está contido nela*. No interior dessa esfera da representabilidade talvez apareça, então, o oposto como igualmente possível, sim, como imperativo. Uma frase famosa de Leibniz nos diz: as mônadas não possuiriam janelas; Lotze observa quanto a essa frase com razão o seguinte: "Eu não me espantaria se Leibniz tivesse ensinado com a mesma expressão imagética o contrário, que as mônadas teriam janelas, por meio das quais seus estados internos entrariam em comunidade uns com os outros. Com isto, por outro lado, ele talvez tivesse conquistado um fundamento melhor do que aquele que ele privilegiou"[10]. Alguns metafísicos consideram as suas partículas materiais, cada uma por si, como capazes de infligir ou sofrer os efeitos de uma ação; outros acreditam que a ação recíproca só seria pensável sob leis comuns em uma consciência que une todos os seres particulares. Por toda parte a metafísica, enquanto a rainha de um império de sombras, não lida senão com as sombras de verdades de outrora, das quais umas lhe impedem de pensar algo, enquanto as outras o oferecem, em contrapartida, a ela. Essas sombras de essencialidades, que dirigem secretamente a representação e tornam possível a representabilidade, são ou bem imagens a partir da matéria dada aos sentidos, ou bem representações oriundas da vida psíquica dada na experiência interior. As primeiras foram reconhecidas pela ciência moderna em seu caráter fenomenal, e, por isto, a metafísica materialista, enquanto tal, começou a definhar. Onde o que está em questão é efetivamente o sujeito da natureza e não meramente determinações predicativas, tal como movimento e qualidades sensíveis as apresentam, quem decide aí na maioria das vezes de maneira velada ou consciente sobre aquilo que seria ou não pensável como nexo metafísico são as representações da vida psíquica. Não obstante, por mais que Hegel transforme a razão do mundo

---

10. LOTZE. *System der Philosophie II* [Sistema da filosofia II], 125.

no sujeito da natureza, Schopenhauer, uma vontade cega, Leibniz, mônadas representacionais, ou Lotze, uma consciência que abarca de maneira mediadora toda ação recíproca; ou por mais que os monistas mais recentes deixem reluzir em cada átomo a vida psíquica: são as imagens do próprio si mesmo, as imagens da vida psíquica, que dirigiram o metafísico, quando ele decidiu sobre a pensabilidade e quando a sua violência secretamente atuante transformou para ele o mundo em um espelhamento descomunalmente fantástico de seu próprio si mesmo. Pois assim se mostra o fim: o espírito metafísico percebe a si mesmo em uma amplificação fantástica, por assim dizer em um segundo rosto.

Assim, a metafísica se encontra no ponto final de seu caminho com a teoria do conhecimento, que tem o próprio sujeito conceptor por seu objeto. A transformação do mundo no sujeito que concebe por meio dos sistemas modernos é por assim dizer a eutanásia da metafísica. Novalis narra um conto de fadas sobre um jovem, que é tomado pela nostalgia dos segredos da natureza; ele abandona a amada, perambula por muitos países, a fim de encontrar a grande deusa Ísis e olhar a sua face maravilhosa. Finalmente, ele se depara com a deusa da natureza, levando o seu leve véu brilhante e – a sua amada cai em seus braços. Quando a alma parece ter sucesso em retirar o invólucro e o véu do sujeito do curso natural, nesse momento mesmo ele encontra nesse curso – a si mesmo. Esta é, de fato, a última palavra de toda metafísica; e pode-se dizer que, depois que essa palavra foi enunciada nos últimos séculos em todas as línguas ora do entendimento, ora da paixão, ora do ânimo profundo, parece que a metafísica também não tem mais nada significativo a dizer neste aspecto.

Nós seguimos além com o auxílio do segundo princípio. Este conteúdo pessoal da vida psíquica está, então, em uma constante transformação histórica, ele é incalculável, relativo, restrito, e, por isto, não pode possibilitar uma unidade universalmente válida das experiências. Esta é a intelecção mais profunda à qual chegou a nossa fenomenologia da metafísica, em oposição à construção das épocas da humanidade.

Cada sistema metafísico não é representativo senão para a situação, na qual uma alma tenha vislumbrado o enigma do mundo. Eles têm o poder de presentificar para nós uma vez mais essa situação e o tempo, o estado da alma, o modo como os homens veem a natureza e a si mesmos. Eles fazem isto de maneira mais fundamental e mais universal do que as obras poéticas, nas quais a vida do ânimo se articula segundo sua lei com pessoas e coisas. Não obstante, com a situação histórica da vida psíquica altera-se o conteúdo espiritual, que dá unidade e vida a um sistema metafísico. Nós nem podemos determinar essa alteração segundo seus limites, nem calculá-lo previamente em sua direção.

O grego do tempo de Platão e de Aristóteles estava ligado a um determinado modo de representação das primeiras causas; a visão de mundo cristã desenvolveu-se, e, então, uma parede foi por assim dizer derrubada, uma parede por detrás da qual se vislumbrou um novo modo de representar a primeira causa do mundo. Para uma cabeça medieval, o conhecimento das coisas divinas e humanas estava concluído em seus traços fundamentais, e uma representação de que a ciência fundada na experiência estaria determinada a reconfigurar o mundo era uma representação que nenhum homem do século XI na Europa possuía; em seguida, então, aconteceu o que ninguém tinha como ter previsto, e a ciência empírica moderna surgiu. Assim, também podemos dizer que nós sabemos o que se encontra por detrás das paredes, que nos envolvem hoje. E essa consciência dos limites de nosso conhecimento, tal como ela se segue da visão histórica do desenvolvimento da vida psíquica, é algo diverso e mais profundo do que a que Kant tinha, um pensador para o qual, no espírito do século XVIII, a consciência metafísica era sem história.

O ceticismo, que acompanha a metafísica como sua sombra, tinha comprovado que nós estamos por assim dizer aprisionados em nossas impressões e que, de acordo com isto, não podemos conhecer a causa dessas impressões e enunciar a real constituição do mundo exterior. Todas as sensações oriundas dos sentidos são relativas e não admitem nenhuma conclusão em relação àquilo que as produz. Mesmo o conceito de causa é uma relação transportada por nós para as coisas, cuja aplicação ao mundo exterior não encontra nenhum fundamento de direito. Além disto, a tradição metafísica mostrou que nada claro pode ser pensado sob uma ligação entre o pensamento e os objetos, quer essa ligação seja designada como identidade ou paralelismo, como correlação ou correspondência. Pois uma representação nunca pode ser igual a uma coisa, na medida em que essa coisa é concebida como uma realidade independente dela. Ela não é a coisa atribuída à alma e não pode ser equiparada a um objeto. Caso se enfraqueça o conceito de igualdade no conceito de semelhança, então esse conceito também não tem como ser utilizado em seu entendimento exato: a representação de concordância se desvia, assim, em direção ao indeterminado. O sucessor de direito do cético é o teórico do conhecimento. Aqui chegamos ao limite, no qual o próximo livro começará: nós nos encontramos diante do ponto de vista epistemológico da humanidade. Pois a consciência científica moderna está, por um lado, condicionada pelo fato das ciências particulares relativamente autônomas, e, por outro lado, pela posição epistemológica do homem em relação aos seus objetos. O positivismo construiu preponderantemente sobre o primeiro lado do condicionamento a sua fundamentação filosófica, enquanto a filosofia transcendental a construiu sobre o outro lado. No ponto da história intelectual em que termina a posição metafísica do homem, iniciar-se-á o livro seguinte e apresentar-se-á a história da consciência científica moderna em sua ligação com as ciências do espírito (ciências humanas), assim como essa consciência está condicionada pela posição da teoria do conhecimento em relação aos objetos. Essa exposição histórica ainda tem de mostrar como os resíduos da época metafísica só são superados lentamente e, assim, as consequências da posição epistemológica só são retiradas de maneira muito paulatina. Ela tornará visível como é que, no interior da fundamentação epistemológica mesma, as abstrações que a história exposta da metafísica deixou para trás só foram eliminadas muito tarde e até hoje ainda de maneira muito incompleta. Assim, ela deve conduzir ao ponto de vista psicológico, que não busca resolver o problema do conhecimento a partir da abstração de uma inteligência isolada, mas a partir do todo dos fatos da consciência. Pois, em Kant, realizou-se apenas a autodecomposição das abstrações, que a história por nós descrita da metafísica criou; agora, o que importa é perceber de maneira livre a realidade efetiva da vida interior e, partindo dela, constatar o que a natureza e a história são para essa vida interior.

Ideia fundamental de minha filosofia

A ideia fundamental de minha filosofia é a de que até aqui nunca se colocou toda a experiência plena, completa e não mutilada à base do filosofar, assim como nunca se colocou em sua base toda a realidade efetiva plena. Com certeza, a especulação é abstrata; eu concebo, em oposição ao culto a Kant hoje dominante, esse grande pensador como também tomando parte nessa realidade; ele chegou a partir da metafísica escolástica até Hume e seu objeto não é formado pelos fatos psíquicos em sua pureza, mas pelos fatos vazios das formas de espaço, tempo etc. esvaziadas pela abstração escolar; e a autoconsciência forma apenas a conclusão – não o ponto de partida de sua análise. Sim, em Kant, dissolveu-se a própria filosofia abstrata do entendimento; ele não a arruinou de fora, mas foi seu destino ter essa dissolução realizada em si. Na medida, porém, em que o ponto mais profundo, ao qual Kant chegou, foi uma faculdade abstrata da produção, *uma forma desprovida de conteúdo* (de acordo com o seu ponto de partida): forma podia gerar novamente forma; e na medida em que, nas três críticas, as funções psíquicas foram desenvolvidas isoladamente segundo a forma, o *intelectualismo* pôde se levantar novamente, *forma do mero pensar como lugar de origem do absoluto em nós*. Que espetáculo não foi encenado nas críticas kantianas! O pensar aniquila a própria pretensão a uma configuração infinita e eterna, a fim de reencontrá-la na vontade: uma charlatanearia, uma vez que se busca no pensamento aquilo que não está nele, e que busca refúgio na vontade aquilo que só emergiu de início sob o seu efeito concomitante, a partir da totalidade de nossa vida, como uma visão de mundo mais elevada.

Mas o empirismo não é menos abstrato. Ele colocou à sua base uma experiência mutilada, desfigurada desde o princípio pela concepção teórica atomística da vida psíquica. Ele toma o que ele denomina experiência: nenhum homem completo e pleno se deixaria restringir a essa experiência. Um homem, que se deixasse restringir a ela, não teria força vital para um dia!

As proposições, por meio das quais eu procuro dar à filosofia da experiência a sua base completa necessária, são:

1) A inteligência não é um desenvolvimento no indivíduo particular e é compreensível a partir dele, mas ela é um processo no desenvolvimento do gênero humano; esse gênero mesmo é o sujeito, no qual se encontra a vontade de conhecimento.

2) E, em verdade, ela existe enquanto realidade efetiva nos atos vitais dos homens, que têm todos também os lados da vontade e dos sentimentos, e, de acordo com isto, ela só existe como realidade efetiva nessa totalidade da natureza humana.

3) A proposição correlata em relação a isto é: somente por meio de um processo histórico da abstração forma-se o pensamento, o conhecimento e o saber abstratos.

4) Essa inteligência real e efetiva plena, contudo, também tem em si a religião ou a metafísica ou o incondicionado como um lado de sua realidade efetiva, e, sem esse lado, ela nunca é efetiva e nunca se mostra como eficaz.

A filosofia, assim compreendida, é ciência do efetivamente real.

Toda e qualquer ciência particular tem de lidar com um conteúdo parcial dessa realidade efetiva. O objeto da jurisprudência, da ética, da economia não é o mesmo agir humano sob diversos pontos de vista? Cada uma dessas teorias tem de lidar com uma parte, um lado determinado, uma ligação do agir dos homens e da sociedade.

Segunda Parte – A essência da filosofia compreendida... 139

E aqui obtém-se o significado reformador da filosofia da realidade efetiva em relação às ciências positivas. Na medida em que ela desenvolve as ligações dos fatos abstratos entre si em toda a realidade efetiva, ela contém as bases, sobre as quais essas ciências precisam se libertar do isolamento da abstração e se desenvolver.

Limites da filosofia em face da arte e da religião

A filosofia analisa, mas não produz. A concepção de Schiller. Com isto, a filosofia não produz nada. Na medida em que ela decompõe, analisa, ela só pode mostrar particularmente e sintetizar aquilo que é, aquilo que ela encontra diante de si sob os fatos da consciência.

Os pontos de ligação, por meio dos quais a consciência imediata constrói, o si mesmo, o mundo e a divindade, são encontrados por ela diante de si. As massas representacionais assim construídas já possuem uma ordem, quando essa ordem entra em cena. Não é ela que constrói, mas ela encontra previamente dada a articulação gerada na totalidade de nosso si mesmo[11].

A partir da exposição da emergência de religião e arte, em particular a poesia, obtém-se o nexo, no qual essas diversas regiões da vida espiritual se encontram umas com as outras. Nexo designa, porém, ao mesmo tempo uma relação desses grandes fatos como partes em relação a um todo, que é no presente caso o conhecimento.

Isto pode ser demonstrado ao mesmo tempo historicamente. A cultura intelectual de cada época é formada por uma ação conjunta das diversas manifestações da vida espiritual. Essas manifestações concordam em certo grau em um todo. Não importa o quão diversas são as posições, que a inteligência assume como seu objeto em uma época dada: o *Natan*, de Lessing, não está completamente apartado dos escritos religiosos de um Spalding e dos escritos filosóficos de um Mendelssohn: somente na medida em que se os toma

---

11. Na margem do texto diltheyano: "Luta contra o intelectualismo" [N.T.].

conjuntamente, vê-se o modo como aquele tempo possuía Deus, mundo e a si mesmo.

Isto fica claro, caso se considere o problema particular. Em nossa literatura, Lessing formou um ideal de vida na poesia, e, então, o explicitou cientificamente.

No que diz respeito a essa formação, o seu fundamento precisa residir no fato de que a filosofia, em geral a ciência como conhecimento, não consegue exprimir algo importante que possa ser expresso como religião ou poesia. Se fosse possível para a ciência explicar o nexo dos fatos, isto é, apresentar um fundamento suficiente uno: então não haveria nenhum lugar para qualquer outra atividade do espírito no âmbito da representação.

Hegel expôs tal visão

Na realidade efetiva, o que nos é oferecido é irracional, os elementos por meio dos quais nós representamos não são recondutíveis uns aos outros.

Mesmo Kant não vê nenhum limite para uma faculdade absoluta do conhecimento.

A arte, em particular a poesia, produz o típico. Esse elemento típico assume uma posição significativa em nossa representação. O típico entra em cena ao lado do legal. Legal é aquilo que se mostra como uma expressão de um comportamento universal na natureza. Típico é aquilo que representa um caso singular no universal. O típico, quando nos dispomos a articulá-lo com uma expressão abstrata de pensamento, pressupõe um nexo teleológico. Em sua própria região, ele é aquilo que é mais significativo para o nosso sentimento de vida e mais obrigatório. O típico nas artes plásticas.

O progresso passando por Kant

1 A crítica de Kant não cortou suficientemente fundo no *corpo* do *conhecimento* humano. A oposição entre transcen-

Segunda Parte – A essência da filosofia compreendida... 141

dência e imanência não designa a linha limítrofe do conhecimento possível. A realidade efetiva mesma não pode ser esclarecida em última instância logicamente, mas só pode ser compreendida. Em toda e qualquer realidade, que nos é dada enquanto tal, há, segundo a sua natureza, algo indizível, incognoscível.

2 Este ponto de vista de uma crítica do conhecimento da própria realidade efetiva estabelece pela primeira vez um fim à metafísica. A metafísica baseia-se em nosso século na hipótese psicológica, na hipótese física, na palavra de poder epistemológica sob a aplicação do procedimento da analogia. Somente na medida em que se reconhece que essas hipóteses procuram resolver problemas, em relação aos quais faltam os pressupostos para as suas resoluções; somente na medida em que se reconhece que a relação entre corpo e alma não pode ser tratada de maneira alguma teoricamente, é que essa metafísica do século XIX é destruída em seu cerne.

3 Trata-se aí da relação do pensamento lógico com a vida, com a compreensão e com a experiência interna. Surge a questão de saber em que abrangência o vivenciado pode ser concebido logicamente. E a mesma questão se repete, na medida em que a compreensão de uma vida psíquica alheia, na medida em que a compreensão é transformada na hermenêutica em objeto da investigação. Somente então surge a segunda questão de saber como pedaços e partes possibilitam o conhecimento da natureza.

4 De acordo com isso, trata-se positivamente do progresso da autodeterminação para a hermenêutica e dessa para o conhecimento da natureza. Todas essas relações, porém, têm como base maximamente universal a relação da vida com o conhecimento, da experiência interna com o pensar. Tais investigações podem decair facilmente no perigo da mística. Isto também aconteceu até aqui. Aqui vem à tona, então, uma tarefa muito importante. O que está em questão é conferir à expressão da descrição dos estados internos por um lado toda a abrangência da realidade efetiva interior. Por outro lado, precisa-se emprestar a essa descrição o grau máximo de exatidão. Pode-se dizer que a oposição até aqui entre

filosofia da vida e ciência psicológica precisa ser suspensa, caso a segunda, a filosofia da vida, deva obter verdade e a realidade efetiva plena, e a primeira, a ciência psicológica, porém, exatidão. Uma tarefa descomunal. Ela só pode ser resolvida passo a passo. Somente se isto acontecer, contudo, a filosofia conquistará uma vez mais poder e vida.

5 Em toda a abrangência da automeditação e das operações hermenêuticas, portanto, é preciso *formular primariamente a questão epistemológica*. Pois isto é o que nos é dado originária e primariamente. É em contraposição a esse dado que os nossos conceitos *de natureza são derivados*. Com isto, não está nada decidido em relação ao valor desses conceitos. Neste ponto, porém, ainda não é possível conduzir a demonstração de que eles são derivados. Em primeiro lugar, é preciso conhecer aquilo de que eles são derivados. Somente então é possível levar a termo a comprovação da derivação. Por isto, nosso início precisa tomar o seu direito em primeiro lugar a partir do fato de nós sermos dados de saída a nós mesmos, de maneira totalmente imediata e solitária, e, então, contudo, do fato de aquilo que nós compreendemos por meio de nós serem os outros homens.

Vida e conhecimento
As categorias da vida como o nexo do dado pressuposto por todo conhecimento

1
O analógico do nexo no sujeito e objeto

Nós precisamos partir da intelecção de que a unidade vital ou o sujeito e a coisa ou o objeto não são apenas correlatos, eles não são cindíveis um do outro e não existem um sem o outro. Ao contrário, eles são também análogos. Apesar de a unidade vital e de o objeto despontarem para nós de maneira totalmente diversa, sua estrutura é, de qualquer modo, em certa medida semelhante, sim, maximamente aparentada.

Eu explicito esse fato por meio de uma exposição sobre o objeto ou a coisa. Pois a estrutura da unidade vital foi apresentada por mim de maneira rigorosa nas discussões precedentes. O nexo no si mesmo também virá à tona nesse si mesmo de maneira modificada de acordo sempre com a relação da coisa com ele. Ele aparecerá de modo modificado porque as circunstâncias da formação da representação da coisa são diversas. Uma multiplicidade de estímulos e suas transformações são o exterior, que é apropriado pelo sentimento de resistência como um todo de volição ou força. E esse processo realiza-se a partir de um ponto de interesse, a partir do qual a mesmidade de uma coisa se forma com suas propriedades. Uma concepção extrínseca e superficial colocaria todo esse processo sob o conceito da transposição do nexo no si mesmo para o nexo na coisa. O processo é inversamente análogo àquilo por meio do que nós compreendemos uma pessoa. Essa compreensão de pessoas é tão originária quanto a construção da representação da coisa. Sim, a representação da coisa talvez receba em sua formação paulatina durante a primeira infância alguns traços dos padrões sorridentes do corpo vivo, quente, que contém toda satisfação, da ama. O berço da criança e esse corpo são para ele com certeza de início os fatos mais familiares em todo o mundo. Para a criança, tudo aquilo por meio do que nós fazemos uma distinção se retrai completamente. Trata-se apenas de uma vida que atua sobre a unidade vital: é essa a vida que é sentida. Se, então, a multiplicidade de estímulos cambiáveis, o calor da cama, a suavidade, o branco, sobre o qual brinca a luz solar, são acolhidos no sonho acordado da primeira infância, então não são as propriedades de uma unidade coisal morta o que a criança percebe. Mas o que é, então, afinal? Quem estaria disposto a revogar essa primeira representação caótica produzida pela fantasia? Isto é tudo o que sabemos, o que sentimos: também há aí uma unidade vital, bastante análoga à unidade vital da própria criança, móvel, mutável, tremendo no jogo de suas propriedades, e, contudo, um nexo vigoroso em termos de seus efeitos.

Assim, portanto, sujeito e objeto, unidade vital e coisa também são extremamente aparentados, semelhantes, cheios de analogias espantosas. Até o ponto naturalmente em que as pessoas sabem se aproximar da coisa em sua concepção primária. Essa semelhança baseia-se finalmente no fato de que a concepção dos dois ocorre ao mesmo tempo na esfera da vontade. De acordo com isto não tem lugar uma mera transposição do si mesmo para o outro. Ao contrário, mesmo a nossa concepção do objeto, tal como aquela de uma rua estrangeira, não é originariamente um tipo de compreensão da vida alheia. A partir dessa relação obtém-se o fato de mesmo as categorias, nas quais nós nos conscientizamos do nexo dado da vida, estenderem-se através do eu e do outro, do sujeito e do objeto, da unidade vital e do mundo. De acordo com isto, elas são categorias autênticas e plenas no sentido de Aristóteles e Kant. É preciso falar delas agora.

2

*O nexo vital, que está contido no sujeito e no objeto,
é expresso em uma multiplicidade de categorias reais,
que são para nós os órgãos de toda compreensão
do real e efetivo*

Desde a determinação e a restrição mais específicas da expressão categoria por meio de Kant, essa expressão designa um conceito, que expressa ou produz um nexo. Ninguém designa o azul ou a cor como uma categoria. Mesmo uma propriedade, considerada por si, não seria uma categoria. Ao contrário, só a ligação entre a propriedade e a unidade ou a substância na coisa constitui propriamente uma categoria.

A visão dominante é, então, o fato de o nexo, que a categoria contém, estar fundado na razão, na essência una da inteligência. De acordo com isto, depois de Kant, a categoria se mostra como a fórmula para uma função da unidade do pensamento. Essa visão pode ser estabelecida muito bem em consonância com a visão de Aristóteles. Um nexo na realidade efetiva, portanto, é, então, concebido como correlato e como correspondendo ao nexo na inteligência. Sim, com as duas concepções também pode ser unificada, por fim, aquela concepção que apreende essas formas de ligação como produtos de processos intelectuais e de suas estruturas legais. Pois uma vez que esses processos constituem a inteligência, os modos de articulação que provêm deles são formas de articulação da inteligência.

Em face dessa concepção, as exposições até aqui obtêm uma visão fundamental completamente diversa. Nós também não negamos que há categorias, que estão fundamentadas na razão enquanto tal. Os conceitos de identidade, de igualdade, de diferença são tais categorias. Eles designam relações que atravessam toda a realidade efetiva. Mas essas categorias são, segundo a natureza de sua origem, sempre e eternamente apenas formais. Elas só designam relações, por meio das quais o pensar ilumina para si a realidade efetiva. Essas relações ocorrem no pensar. Fora de nós, não há, com efeito, uma igualdade, mas há apenas fatos, em relação aos quais o pensar empreende uma operação, que inscreve o pensamento nela e assim se elucida. Denomino categorias desse tipo categorias formais. Dessas categorias formais, porém, as categorias reais são totalmente diversas. Essas categorias não estão de maneira alguma fundadas na razão, mas no próprio nexo vital. A característica daquelas categorias formais é a sua transparência e univocidade total. Essa univocidade aponta para a sua origem no pensamento. A característica das categorias reais é a originariedade de seu conteúdo através do pensamento. Elas são um nexo da vida. Esse nexo é seguro e consciente para a autoapercepção. Para o entendimento, contudo, ele é insondável.

Não há nenhum artifício para isolar essas categorias de maneira definitiva e pura, para fixar seu número e determinar a sua ordem. O nexo vital e sua estrutura são um, esse nexo é vivo, sim, a própria vida. Ele não tem como ser sondado pelos conceitos. Por isto, nenhuma tentativa de constatar a natureza, o número e a ordem dessas categorias jamais teve sucesso. A articulação da vida é concebida em certos traços ou linhas, que a atravessam; e isto abstraindo-se dos outros. E nada mostra melhor a natureza da vida nesse nexo do que o modo como essas categorias passam umas para as outras, tornando-se conscientes para nós em muitos perfis, sem que qualquer demarcação tenha algum dia um direito absoluto. O número das categorias reais é, por isto, indeterminável. Uma fórmula, que determinasse de maneira inequívoca uma categoria real, não é possível, uma vez que a insondabilidade do nexo vital retorna em toda e qualquer categoria para o pensar conceitual. E a ordem das categorias não tem como ser determinada, uma vez que se pode apreender esse nexo em pontas totalmente diversas.

3

A categoria da mesmidade
(do todo, da unidade, da substância)

A categoria da mesmidade, em virtude da qual uma unidade apenas vivenciável, impossível de ser expressa por algum conceito, mantém coesa tudo o que é diverso e todas as transformações, possui um significado imensurável para todo compreender e pensar humanos.

Para apreendê-la, nós a demarcamos de início em relação à categoria da identidade. Essa é uma categoria formal. Ela designa o fato totalmente transparente de que o pensar não pode encontrar entre dois fatos ou entre duas fases temporais do mesmo fato nenhuma diferença. Em seguida, deixamos claro para nós mesmos que a categoria da coisa ou a categoria da substância abstraída da categoria da coisa só se formam a partir dessa categoria da identidade. Mesmidade é a vivência originária, dotada de sentido, da qual partem, então, as transformações para conceitos mais abstratos.

De maneira bastante estranha, porém, nós penetramos a partir do conceito mais abstrato da substância da maneira mais simples possível, então, na categoria da mesmidade. O entendimento se digladiou através de milênios com esse conceito. Ele nunca pôde encontrar, contudo, como é que a unidade da substância começa a manter coeso o múltiplo das propriedades e as transformações dos estados. Naturalmente, mesmo essa cisão em propriedades, transformações e a unidade que mantém tudo coeso se mostra como uma suspensão da experiência interna verdadeira de mesmidade por meio do entendimento decompositor e unificador.

Mesmidade é a mais íntima experiência do homem sobre si. Nessa mesmidade baseia-se o fato de nós nos sentirmos como pessoa, de nós podermos ter um caráter, de nós pensarmos e agirmos de maneira consequente. Nisto, no entanto, não está de maneira alguma contido o fato de, em todas as transformações, se cristalizar algo igual a si mesmo.

Quando nós pensamos, a validade universal do pensar não exige que os atos de pensamento se mantenham rigidamente iguais a si mesmos, nem mesmo que um conceito possa permanecer como um produto psíquico. O que reside no pensamento é uma exigência real fundada no sujeito de sua concordância consigo mesmo em relação a todo e qualquer enunciado de realidade efetiva.

E se prosseguirmos, então essa mesmidade é justamente aquilo que encontra a sua expressão no "é". A predicação, cuja forma de expressão é o "é", não significa pura e simplesmente identidade, sim, ela não se encontra em conexão com essa categoria formal; ela também não significa uma atenuação dessa identidade em uma identidade parcial ou em uma concordância; o enunciado significa muito mais justamente essa mesmidade, que está dada na vitalidade juntamente com aquilo que ela tem. O "é" é expressão disso, mas não de uma identidade qualquer total ou parcial.

Em nosso agir e em nosso caráter, o fundamento da mesmidade não é igualmente uma igualdade rígida consigo mesmo. Ela se enuncia muito mais na consciência de uma responsabilidade pelo que passou. Nessa consciência, precisamente aquele que agora julga sobre si é diferente daquele que agiu e sabe a si mesmo de qualquer modo como o mesmo. Aqui também a mesmidade é apenas a expressão do fato de que a vida incessante se sente de uma determinada maneira na multiplicidade de suas manifestações e na sequência de suas transformações, de uma maneira para a qual não há nenhuma descrição e nenhuma fórmula para além do recurso à autoconsciência. A mesmidade é a categoria, que destaca a partir da autoconsciência um nexo vital, que também pode ser reencontrado no objeto.

Mas essa categoria contém em si dificuldades indissolúveis. Ela não pode ser vivenciada por nós sem uma consciência do eu. Como dada na vivência, ela está ligada à consciência do eu. Assim, ela é transportada de maneira completamente adequada para as outras pessoas. Mas na medida em que ela é transportada para o objeto, esse objeto também contém um ponto médio interno, um cerne de realidade, que está presente de qualquer modo para a vida apenas como vida, para a vontade apenas como resistência à vontade.

Assim, cada representação de coisa até esse dia está dotada para a concepção natural com tal interior, que só é compreensível por fim para nós como vida. Essa vitalidade da natureza exterior só pode ser indicada como forma de con-

Vida e conhecimento 149

cepção primária dessa vitalidade junto à criança e junto aos povos naturais, junto à mais arcaica poesia e junto ao mito.

Uma segunda contradição surge, na medida em que, na representação da coisa, esse cerne do interior, do mesmo, é cindido por meio da reflexão da multiplicidade mutável das sensações enquanto seus atributos e acidentes. Essa tensão da coisa, de sua unidade interna e de suas propriedades obtém sua expressão abstrata nas categorias aristotélicas de substância e seus acidentes. Aqui, fica clara uma vez mais toda a obscuridade dessa categoria para o entendimento. Como quer que uma substância possa começar a manter coesa em si como unidade uma multiplicidade, sem perder aí sua unidade nessa multiplicidade, nenhum entendimento está jamais em condições de apreender algo intelectivo. E o modo como essa unidade enquanto constância ou identidade começa consigo mesma a possuir as transformações e a afirmar a sua unidade em meio a elas é igualmente insondável. Trata-se justamente de um artifício. Depois de se ter reduzida e decomposta a mesmidade viva, que realizava tudo isso, uma máquina intelectiva reproduzida deve levar a termo essas realizações.

Em tudo isso se ratifica para nós novamente a origem dessas categorias a partir da própria vida. Se ela fosse um mero produto do entendimento, então ela seria totalmente transparente para o entendimento. Assim, porém, ela é insondável.

Eu comprovo a partir daí junto a essas categorias ainda expressamente o fato de que elas têm por pressuposto um nexo vital dado, que reside na experiência interna. A categoria da substância com seus acidentes não pode ser deduzida nem da experiência exterior, nem de uma forma da ação do pensamento.

Na experiência puramente exterior, só seria dada uma multiplicidade de sentidos mutável, discreta, em meio a uma disposição espacial ordenada em uma coexistência e sequência temporal. O laço interno, que mantém coeso para nós tudo isso, não pode ser deduzido a partir dessas realizações de uma experiência *in abstracto* exclusivamente atuante, pensada de maneira exterior. Melhor demonstração: o que é dado para o tato em uma posição determinada é ligado com aquilo que é dado de modo unificado na mesma posição para o sentido visual. Agora, porém, pressupomos que, na mesma posição do espaço, não podem ser estabelecidas e representadas duas coisas. Esse entrelaçamento das duas multiplicidades se impôs para nós por meio da experiência. Nós encontramos, então, além disso, esse elemento espacialmente demarcado por meio do espaço como móvel, ainda que como um todo que nunca pode ser isolado. De acordo com isso, esperamos regularmente, em meio à presença de uma multiplicidade, que é suficiente para a determinação da coisa, o despontar das outras impressões sensíveis que estavam ligadas com ela de maneira totalmente regular. Mas se pode acumular agora experiência, associação, hábito como se quiser. Pode-se acumular aquilo que toda a série de empiristas reuniram desde Hume nessa direção. Nunca se segue daí que nós transpomos um laço objetivo, ideal como cerne para o interior dessa coisa e que nós sabemos, então, como mantidas coesas por esse laço suas multiplicidades e suas transformações. Esse elemento nuclear da coisa é tão enérgico que, se o físico o decompõe em átomos, esse elemento nuclear se mantém em cada átomo e não pode ser eliminado por ele por meio do pensamento.

Essa conclusão, que é estabelecida pelos transcendentalistas, me parece correta. No entanto, a partir do ponto de vista, que agora alcançamos, pode ser dado para ele um grau muito mais elevado de certeza.

Pensemos a regularidade no retorno de uma melodia: nós esperamos com grande segurança a aparição dos últimos sons. Para tanto, há aqui efetivamente um laço interno marcado pelo tipo do som, pelos parentescos entre tons, que ligam esses sons. Assim, também surge efetivamente uma unidade, um todo. Eleva-se essa relação na fantasia. Imaginemos que, por meio de um estabelecimento qualquer, a sequência dos últimos sons seria pura e simplesmente ligada aos sons anteriores. Eles formam, então, efetivamente um todo indis-

Vida e conhecimento

151

solúvel. Entre eles há um vínculo interno. Esse vínculo também não é produzido por meio de um mero hábito, mas por meio de uma ligação interna fundada no tipo de som e nos parentescos de tom. Por que, afinal, essa melodia nunca se torna para nós uma coisa? Por que, em contraposição a isso, ela tem o caráter da não coisalidade? É possível introduzir diferenças de algum tipo, diferenças que a distinguem das coisas. Tudo isto não explica isso. O que vem à tona apenas como série sonora é sempre apenas uma sombra fugidia, que passa: falta-lhe justamente o cerne, que constitui a realidade.

O calor é um fato que entra em cena como multiplicidade sentimental real e efetiva. E, em verdade, ele mostra uniformidades que estabelecem expectativas sobre ele em um grau muito mais elevado do que acontece, por exemplo, junto a uma mesa ou a uma árvore. O fato de nós pensarmos o calor como difundido através de toda a natureza não impede que nós o pensemos como uma coisa no entendimento mais amplo e maior possível. Pois o cosmos, em cujo limite o calor se encontra, também é para nós, por fim, a maior de todas as coisas. Por que é, então, porém, que ele nunca é para nós tal coisa? O pesquisador da natureza aprendeu a cindi-lo das matérias nas quais ele aparece.

As estrelas, apesar de sabermos que elas são grandes corpos no espaço sideral, não são, para o nosso pensar não controlado, coisas no mesmo sentido que as pedras sobre a terra que se encontram à nossa volta. Se refletirmos sobre a sua natureza, se dissermos que também elas resistiriam aos nossos pés e às nossas mãos, então elas se tornam temporariamente coisas para nós.

Eis o ponto! Onde nunca fazemos uma experiência de resistência, onde nunca fizemos tal experiência, não se faz presente para nós aí uma vontade contraposta, uma realidade nuclear dotada do caráter do mesmo, uma coisa, uma substância.

As coisas são assim: o modo como os conteúdos dos sentidos coexistem regularmente juntos como justapostos no espaço e em sucessão no tempo leva-nos a sintetizá-los na consciência. A partir da parte dada, nós esperamos o todo. Carece-se, portanto, para a representação da coisa, da demarcação espacial. Nós não apreendemos um barulho, um cheiro, uma melodia como uma coisa. Essa demarcação é apoiada pelo fato de que esse ser conjunto se liberta de um lugar no espaço, no qual ele se encontrava, e prossegue o seu movimento em direção a algo diverso. Nós articulamos, então, as impressões visuais com essa posição no espaço, que é preenchida já por impressões táteis, por meio das quais uma justaposição se transforma em uma interpenetração. A isso alia-se, então, o fato de que essa conjunção se mantém no tempo. Em tudo isto, contudo, não há nenhum fundamento explicativo para o ponto de unidade, para o cerne de realidade, que vivifica essa conjunção de conteúdos sensíveis, essa grande quantidade de conteúdos, transformando-os em um todo. Ele é como algo vivificador, que unifica os componentes e deixa surgir o todo. Ele é a mesmidade, que é própria apenas da vida.

Esse modo de explicação empirista[12], que nós combatemos aqui com as razões indicadas, foi contestado por Kant e por todos os seus discípulos. Em oposição a esse modo de explicação empirista, então, Kant forneceu, porém, uma outra doutrina da origem dessa categoria da substância e do acidente. Ele assumiu que essa categoria seria a expressão abstrata de uma função intelectiva e, com isso, de um modo de ligação estabelecido no próprio pensamento e, por fim, fundado na apercepção.

Mas mesmo essa explicação não corresponde aos fatos psicológicos apreendidos de maneira mais exata. E, assim, também ela precisa ser excluída. Pois se houvesse tal função simples do entendimento, então o conceito de substância dado nela seria tão transparente para o entendimento quanto o conceito da identidade ou da diferença. Em realidade, no entanto, ele contém um cerne obscuro, e permanece para nós inconcebível como é que uma multiplicidade de conteúdos poderia ser inerente a uma unidade. Herbart angariou

---

12. No manuscrito encontra-se o adjetivo "empírico" [N.E.].

Vida e conhecimento

153

para si o maior de todos os méritos por ter visto essas contradições no conceito de substância e por tê-las desenvolvido de maneira perspicaz. Mas assim como ele é bastante feliz na comprovação dessas contradições, ele é totalmente insatisfatório em sua solução. Naturalmente. Elas não são de maneira alguma passíveis de uma solução ontológica. Só é possível explicar a sua necessidade epistemologicamente. Elas emergem da aspiração do entendimento por alcançar com o entendimento um ponto por detrás do nexo vital dado e só compreensível para a experiência viva, nexo esse que se enuncia na mesmidade. O entendimento só consegue decompor esse cerne vital e recompô-lo, então, uma vez mais. Pois ele só tem à sua disposição as operações da identificação e da distinção, do ligar e do cindir, do pôr em referência. Por meio dessas operações, contudo, o próprio fato vivo é destruído. Aquilo que é um dia cindido se encontra desde então dissociado, e é intangível como é que o que se encontra atomisticamente dissociado deve se tornar uma vez mais a unidade do múltiplo, na medida em que o reunimos novamente. Assim, um agregado ou uma ligação química podem surgir, mas nunca a coisidade, tal como ela se encontra assentada finalmente em cada átomo, como algo que é completamente diverso dos agrupamentos exteriores desses átomos.

Além disto, se a teoria kantiana do conceito de substância devesse ser suficiente, esse conceito de substância precisaria poder ser desenvolvido de maneira universalmente válida e desprovida de contradições sem querelas. Em realidade, porém, as escolas se digladiam quanto a ele. Aristóteles fornece uma descrição, que é semelhante a uma definição nominal. Aquilo que nunca pode ser acidente em um outro que possua, contudo, um outro acidente: essa determinação significa justamente apenas que a substância permanece substância, mas não indica de modo algum em que consiste, então, o traço fundamental que a caracteriza para o pensamento. O "in se esse" de Espinosa é apenas a expressão, que evoca em nós justamente a experiência de interioridade e de algo que vem de dentro: caso se tomasse a expressão literalmente, então ela não significaria de maneira alguma o que é característico da substância.

Além disto, surgem dificuldades insolúveis, quando esse conceito é colocado em ligação, segundo as leis do pensamento, com as relações causais. O *ex nihilo nihil fit* da visão fundamental que constrói o mundo segundo a lei causal nos presenteia com uma quantidade originariamente desprovida de contextos de átomos discretos. Se acrescentarmos a eles um *vinculum substantiale* divino, então o problema permanece o mesmo: como é que esse laço exterior poderia unir o discreto. Caso se busque refúgio na representação da criação, então essa representação nunca pode transformar em uma unidade um componente de uma conexão racional de intelecções científicas. No fundo, ela é muito mais justamente a afirmação da irracionalidade do nexo do mundo. Ela significa que a validade do princípio do fundamento e da lei causal não se estende até a profundidade originária do nexo do mundo.

Do mesmo modo também emergem da ligação do conceito de substância com os conceitos elementares das formas do conhecimento dificuldades indissolúveis.

A partir dessa exposição, então, também pode ser deduzida por fim uma vez mais uma ratificação de nossa visão fundamental por intermédio de uma demonstração indireta.

A premissa maior forma o seguinte juízo disjuntivo: toda e qualquer categoria precisa ou bem ser *a priori*, ou bem surgir na experiência externa, na interna ou então no nexo desses fatores.

A premissa menor diz: agora tivemos a oportunidade de excluir tanto a origem *a priori* quanto a origem[13] a partir da experiência exterior. Assim, a conclusão é fundamentada: portanto, o nexo expresso pela categoria precisa ganhar a consciência a partir da experiência interna ou a partir de sua conexão com a experiência externa.

Retiremos dessa uma outra conclusão, por meio da qual nossa exposição conquistará uma nova ratificação em rela-

---

13. No manuscrito: "aquela" [N.E.].

Vida e conhecimento 155

ção aos limites do conhecimento humano e à impossibilidade da metafísica. Toda metafísica depende dos conceitos de substância e de causalidade, a fim de produzir um nexo entre os fenômenos dados. E, em verdade, sem o conceito de causalidade, nem lhe serve o conceito da substância de algo qualquer, nem ela pode retirar um proveito do conceito de causalidade, se o conceito de substância não tiver sucesso. Pois bem, a representação da coisa e o conceito de substância não têm como ser empregues, para produzir um conhecimento do nexo objetivo em conceitos. Encontra-se à base dessa representação e do conceito que é abstraído dela primariamente a mesmidade, a experiência na autoconsciência. A partir dessa experiência criou-se um nexo vivo no objeto. Nessa experiência da mesmidade viva do objeto, porém, é dado primária e objetivamente apenas o ponto de partida da realidade que resiste. Toda a configuração do objeto, contudo, baseia-se em um processo vital, que segue em frente por meio de mediações do pensamento com base na analogia desse elemento resistente com a própria autoconsciência nuclear. De acordo com isso, o conceito do mesmo ou da pessoa tem, em verdade, plena validade para as ciências do espírito (ciências humanas). Ele forma a sua base. Ele contém a mais segura experiência. Mas sua extensão até o elemento resistente só é válida no ponto de partida, ainda que em sua configuração ele seja obra da analogia. O que há de mais risível, contudo, é a tentativa da metafísica de interpretar a experiência viva da autoconsciência por meio de uma categoria, que só contém uma diluição e uma mecanização dessa experiência viva. A partir do mundo exterior e de seu esquema espacial se prende ao conceito de substância uma rigidez cristalizada, contra a qual o fluxo de nossa vida interior nos mostra por toda parte processo e atividade; a constância, a unidade e o nexo que são dados na experiência interior só ocorrem entre processos.

Assim, um conhecimento do mundo não tem como ser produzido por meio do conceito de coisa ou de substância. Um exemplo de como a face do mundo se cristaliza no espelho do conceito de substância nos é oferecido pelo sistema de

Espinosa. Em contrapartida, o conhecimento fenomenal da natureza está ligado de maneira indissolúvel a essa categoria da coisa ou da substância. Ele conduziu e precisa conduzir à tentativa de colocar à base das transformações coisas imutáveis, indissolúveis, mínimas, ou seja, átomos. Mas há algo ridículo em querer estabelecer um nexo de conhecimento entre essa atomística fenomenal e as experiências internas.

4
A categoria da efetuação e do sofrimento
(da causalidade)

No nexo vital, portanto, é dada uma segunda categoria real, efetuar e sofrer, e, como uma fórmula abstraída daí, temos a causalidade.

E, em verdade, no próprio nexo vital, a reação, na qual uma impressão evoca uma resposta, é o cerne propriamente dito da coisa. Um protozoário mostra já essa relação originária. Consideremos uma medusa, que se move no mar agitado e assim por diante etc. Uma vez que, então, essa reação se dirige como movimento de defesa ou de ataque para aquilo que produziu um ferimento ou para aquilo que atrai por meio de sua impressão, surge, então, a partir daí a relação, segundo a qual aquilo que exerceu um efeito experimenta uma reação segundo o efeito recíproco. A categoria da reação ou do efeito recíproco não vem à tona, portanto, de maneira alguma a partir de um nexo de fazer e sofrer, mas é inversamente mais originário do que os dois no próprio nexo vital. Com certeza, na consciência distinta, suas partes, o fazer e o sofrer, também podem entrar em cena ao mesmo tempo ou anteriormente; em primeiro lugar, uma decisão quanto a isso se encontra fora do horizonte histórico. Decisivo para toda a vitalidade desse contexto permanece em todo caso o fato de que o nexo vital da reação e do efeito recíproco precisa ser considerado como a categoria originária. Uma das peculiaridades de Kant é o fato de ele reconhecer o efeito recíproco com um olhar acurado como indedutível do efetuar e do sofrer; então, porém, esses dois, depois que o efeito recíproco é reconhecido como primário, só podem ser reconhecidos como ligações parciais no interior daquele nexo vital maior.

Aqui também não se pode de maneira alguma duvidar de que a vitalidade do efetuar e do sofrer, que vem ao nosso encontro na unidade vital, seja igualmente atribuída por nós de maneira primária ao que resiste. A própria unidade vital vive na consciência de sua vitalidade livre; mas mesmo aquilo que resiste a essa unidade e que reside, de acordo com isso, fora de sua realidade efetiva, é concebido por ela mesma como vitalidade dotada de uma forma volitiva, na medida em que determina o poder da vontade.

Este estado de fato, que se segue da própria natureza do nexo vital, pode ser comprovado a partir de fatos psicológicos e históricos.

Mesmo esse lado da vitalidade originária da coisa, segundo a qual provém dela uma efetivação consonante com a vontade, pode ser apresentado junto à experiência. Para a criança, os objetos do mundo exterior não são causas mortas, mas forças vivas consonantes com a vontade. O sentimento sensível, com o qual ela se adapta à sua caminha, tragando por assim dizer a suavidade, o calor e o frescor da cama, está voltado para algo vivamente atuante que o ama. Não se pode pensar como Espinosa o amor como acrescentado a partir da alegria de deduzir a causa, mas, precisamente o inverso é o que acontece, é o conceito abstrato da causa que se forma a partir da experiência adorável de algo vivo e atuante. A criança bate na cadeira sobre a qual ela se apoia. Em suma, todos os efeitos são ligados pela criança a uma vitalidade dotada do modo de ser da vontade, que encontra seus objetos nos afetos. E para o homem dos povos naturais também há ao seu redor na natureza a atuação de seres bons e maus. O mito de um estágio anterior dos povos culturais nos mostra do mesmo modo forças dotadas da forma da vontade. Se é que pertence ao arredondamento da figura humana o ser demoníaco ou divino de um estágio posterior preenchido por poesia e arte, então os poetas e os artistas criam a partir desse estágio. A própria vitalidade dotada de caráter volitivo é justamente o material, a partir do qual tanto poetas quanto

158 A essência da filosofia

artistas conformadores criam, e isso não é a invenção de cabeças particulares, mas a forma primária da configuração do objeto em geral.

Pois bem, a nossa tarefa é apresentar a transformação que essa categoria real e completamente viva experimenta na humanidade. Ela é ao menos a experiência de um nexo vital. (E se também há) para o homem pré-histórico um jogo livre de forças dotadas de caráter de vontade para o seu dano ou vantagem à sua volta, então ele também já se encontra articulado com a possibilidade de fixar relações regulares, nas quais as mesmas transformações sempre antecedem a aparição de determinados efeitos, ora as utilizando para o seu agir, ora as mantendo em vista, a fim de adiar ou de abdicar de uma ação. Todo agir consonante a fins é sempre e por toda parte fundado sobre a intelecção de uma sequência regular de causas e efeitos e sobre a utilização de uniformidades. Aqui não é o lugar para estabelecer explicitações sobre a origem da lei causal. Basta ter em vista o fato de que, no curso das experiências, o humor do acaso se retrai a um ponto por detrás das uniformidades do acontecimento. O círculo das uniformidades fixas conhecidas entre causas e efeitos amplia-se cada vez mais: o pensamento calculador revela-se por toda parte como vencedor em face da especulação miserável sobre os humores do acaso e o poder dos demônios. E, então, a uniformidade experimentada na ligação entre as causas atuantes e as transformações naquilo sobre o que atuam os efeitos entra[14] no nexo científico do pensar calculador, que encadeia razões e consequências. A isto se alia o conceito abstrato da substância, do átomo. A condicionalidade do efeito por meio da natureza daquilo que atua e, ao mesmo tempo, daquilo sobre o que se produz um efeito, ganha o conhecimento[15]. Um tipo desses processos de pensamento profundos reside na explicação das percepções sensíveis a partir da natureza dos órgãos dos sentidos juntamente com o tipo dos estímulos. O pensamento calculador segue o fio da

---

14. No manuscrito temos: "entra em cena, então" [N.E.].
15. Na margem, uma indicação para SIGWART. *Lógica*. Vol. II, p. 147.

Vida e conhecimento

razão e da consequência. Seu ponto de partida encontra-se necessariamente em elementos que se acham aí de maneira constante e inequívoca como números e que são mortos também como os números, incapazes de experimentar por si uma transformação ou um desenvolvimento. A partir das forças vivas do atuar e do sofrer surgem, então, as ligações legais e mecânicas entre causa e efeito, cuja fórmula ideal derradeira enuncia o princípio *causa aequat effectum*.

Que caminho nós não atravessamos por intermédio dessa categoria una em meio à história espiritual da humanidade! Mas, então, todos os momentos estão reunidos para conceber o conceito hoje vigente de causa e efeito, a causalidade e a lei causal como um produto necessário do desenvolvimento científico.

Nós determinamos, então, o resultado do processo para a nossa existência atual. Onde nós percebemos uma transformação na natureza, pressupomos uma causa fora da coisa na qual ocorre a transformação. Pois na uniformidade, com a qual certas transformações têm seus antecedentes, está dada para nós a característica da presença de uma relação causal. Nós designamos a transformação como efeito. Nós denominamos aquilo que, fora da coisa, a antecede regularmente, como causa. Como, então, todas as pessoas e coisas mostram transformações ou para o simples observador ou para a investigação artificial, então todas as coisas e todas as pessoas se encontram para nós nas ligações de fazer e sofrer, causa e efeito. Nós formamos séries de causas e efeitos, séries causais. Nós concebemos, por fim, toda a realidade efetiva sob a relação causal. Isto significa, porém, que nós decompomos toda essa realidade efetiva como acontecimento em puras uniformidades de sequências. Pois este é de fato o segredo da grande transformação dos níveis da explicação a partir de forças dotadas do caráter de vontade para as forças oriundas do mecanismo causal: a confusão dos acontecimentos na natureza desvelou-se para o gênio da análise como um produto de puras uniformidades da sequência. Com isto, torna-se possível a transformação do universo em um mecanismo causal. A fórmula da lei causal é: toda e qualquer transformação tem sua causa. Na medida em que essa lei é expressa negativamente, surge a fórmula *ex nihilo nihil fit*. Na medida em que a ligação pensante entre razão e consequência entra nessa relação causal, mediada pelo conceito de substância, surge a fórmula ideal do conhecimento do mundo *causa aequat effectum*, da qual partiu Robert Mayer em meio à exposição do princípio da conservação da energia.

A doutrina apresentada da origem da categoria da causalidade forma uma parte da doutrina exposta por nós em primeiro lugar acerca do nexo vital, segundo a qual os nexos reais, por meio dos quais nós pensamos a realidade efetiva, não emergem do pensamento, nem a partir da intelectualidade, nem tampouco a partir do pensar processos equivalentes, associativos, unindo, assim, a multiplicidade discreta dada, mas estão antes contidos no próprio nexo vital, que consiste na unidade vital e em torno dela. Essa doutrina recebe a sua fundamentação mais próxima por meio da exposição da origem das categorias neste nexo vital. Assim, cada apresentação como essa não serve apenas à explicação da categoria, mas também à comprovação de toda a doutrina, segundo a qual os nexos, por meio dos quais nós concebemos o mundo, não provêm nem do intelecto, nem se formam exclusivamente a partir da natureza do acontecimento exterior por intermédio dos processos psíquicos, mas são inversamente partes do nexo vital uno, que a unidade vital experimenta em si e reencontra em torno de si, que constitui, de acordo com isso, um dado para o conhecimento humano. Neste contexto, as demonstrações para a origem da categoria da causalidade precisam ter também na vivência interna uma importância significativa.

A primeira dessas demonstrações consistia nos fatos antropológicos, etnológicos e históricos, que nos informam ainda sobre a concepção volitiva das forças que envolvem o homem. A segunda demonstração também consiste uma vez mais aqui no fato de que esse conceito mostra a insondabilidade da vida. Se ela fosse a expressão da experiência exterior de regularidades ou de um modo de ação do intelecto, então ela se apresentaria nos dois casos de maneira clara, distinta

Vida e conhecimento

e isenta de contradições. Ora, mas o contrário disso é aqui o caso. A decomposição da experiência viva contida nessa categoria por meio do entendimento conduz a contradições e a obscuridades. Eu estou fora de condições de imaginar como aquilo que está dissociado, discreto, cindido, aquilo que produz um efeito e aquilo no que ele produz a transformação, como é que uma coisa penetra ao mesmo tempo na outra. Essa dificuldade da relação causal para o entendimento conduziu no século XVII, quando a racionalidade se tornou o critério de medida da verdade, a que se negasse a relação causal em geral. Não foi apenas onde a causa e aquilo em que ela deve atuar são mutuamente heterogêneos, que a impossibilidade dessa relação para o entendimento foi reconhecida. Onde dois elementos em geral se encontram um ao lado do outro de maneira discreta e isolada e cada um se acha por si, repete-se para o entendimento a mesma dificuldade. Tal como o grande pensador desse século, Leibniz, enunciou: as mônadas não têm janelas. Outras contradições vêm à tona, quando as relações temporais são pesadas. Essas relações possuem um significado tão decisivo para a relação causal, que, onde os transcendentalistas viam no tempo o esquema da causalidade, os empiristas acreditavam poder deduzir da sucessão toda a representação causal. Caso se considere, então, de maneira exata essa ligação temporal, então ela também mostra uma contradição. A aparição da causa e a entrada em cena do efeito se seguem uma à outra. E, por outro lado, o efeito só subsiste e perdura enquanto o efeito da causa perdurar. Os dois são, portanto, coetâneos. A aparência da cisão temporal de causa e efeito só vem à tona por meio do fato de que o efeito se concentra em uma soma, junto à qual a transformação se torna perceptível. Isto acontece em um caso mais lentamente e, no outro caso, mais rapidamente. Por outro lado, a sequencialidade se encontra no próprio conceito de causalidade. É uma vez mais aqui a interpenetração entre causa e efeito, o nexo vital, que também vigora entre diversas substâncias, coisas, coisas e pessoas ou pessoas entre si, que o entendimento não consegue esclarecer e que, por isto, em meio à formação intelectiva desses conceitos se torna a sede de contradições indissolúveis nos mesmos.

Pois tanto a primeira quanto a segunda contradição têm sua sede nessa interpenetração do diverso. Essa interpenetração do diverso está dada para nós na vivência de sujeito e objeto, de unidade vital e das coisas que formam o seu meio como a própria vida. Um eu e um tu, um mesmo e um outro não significam justamente em geral outra coisa senão aquilo que se acha presente para nós nessa vivência do ser afetado e da reação no interior de uma unidade vital consciente. Mesmo a análise do conceito de causa ratifica para nós apenas a impossibilidade de remontar a um ponto por detrás desse nexo vital experimentado e tornar concebível apenas no pensamento abstrato a dissociação de um e do outro, a ligação causal dada nele entre eles.

Uma terceira demonstração para a explicação da causalidade, que provém de nossa intuição fundamental, pode ser conduzida de maneira indireta. Essa demonstração corresponde à demonstração indireta da origem da representação da substância.

A premissa maior consiste na seguinte disjunção. Premissa maior: ou bem a ligação causal provém da função do intelecto ou da mera experiência exterior, ou é preciso que a experiência interna, por si apenas ou juntamente com a experiência exterior, produza a ligação causal.

As duas primeiras possibilidades são excluídas, então, pelas duas premissas menores seguintes.

Primeira premissa menor: a relação causal e a lei causal contida nela não são, como Kant, Schopenhauer e Helmholtz supunham, uma função inata do intelecto. Pois essa suposição introduz um fundamento desconhecido da explicação, enquanto os fundamentos conhecidos da explicação são suficientes. De acordo com isso, ela precisa ser metodologicamente rejeitada. Em particular, porém, a relação causal, se ela fosse uma função do entendimento, seria transparente para o entendimento. Temos exemplos de tal transparência junto às categorias formais. Identidade, diferença, graus são tais categorias completamente transparentes e inequívocas. Por outro lado, não precisa ser despertado, ao pensar essas

Vida e conhecimento

categorias, nenhuma parcela de nossa vitalidade interior. Em contrapartida, a categoria da causalidade contém algo conhecido para nós; essa categoria é evocada por nós em todo caso no qual nós a representamos de maneira plena em uma espécie de vitalidade interior; em contrapartida, ela não tem como se tornar pura e simplesmente transparente e clara para o entendimento. Ao contrário, o caráter conhecido, a intimidade e a insondabilidade da vida mesma também são concomitantemente dados de uma vez por todas para esse nexo contido nela. Sim, se o entendimento busca impor a transparência conceitual da relação causal, então isto conduz àquelas contradições que expusemos acima.

Segunda premissa menor: a relação causal também não pode ser clarificada por si apenas a partir de percepções exteriores. A base da relação causal na percepção externa é a sucessão. O vento oeste sopra sobre o lago de Luzerna, nuvens negras se reúnem. Cai a chuva. Todavia, é preciso acrescentar agora que essa sequência ocorre com frequência uma depois da outra. Uma uniformidade na natureza em relação a essa sequência precisa existir. Enquanto estiver perdurando o vento oeste sobre o mar, as nuvens vão se reunindo. No interior de poucos dias, com a permanência desse vento, começa a chover. Isto acontece todas as vezes, e nenhuma exceção dessa relação tem lugar. Por isto, emerge dessa uniformidade, então, a expectativa da entrada em cena do segundo elo da transformação, quando o primeiro se insere. E, de acordo com isto, então, passa-se a esperar a entrada em cena do terceiro. Eu espero, quando o vento oeste sopra dias a fio durante o final do ano, que nuvens se reúnam sobre o mar. Se elas estiverem presentes, se elas persistirem sobre o lago juntamente com um vento oeste duradouro, então espero pelo início da chuva. A partir dessa ligação de hábito dessas relações, a partir da expectativa segura que surge daí, emerge, então, finalmente uma espécie de laço interno dessas três imagens em minha consciência. Eu designo esse laço como associação, como uma espécie de aprisionamento dessas imagens umas nas outras. Espantosa sofística! Tão frequentemente quanto o sol se pôs, segue-se em meio ao céu claro desse pôr do sol o despontar dessa estrela noturna.

E, por isto, nunca coloco de qualquer modo essas duas transformações tão ligadas uma à outra em uma relação interna. Portanto, é impossível que esse nexo seja tão simples e direto. E como é que o sentimento vivo específico, que liga em mim a união entre causa e efeito, pode surgir da duração indiferente e efetiva e do aprisionamento morto dessas imagens umas em relação às outras?

5
As categorias essencialidade ou essência, finalidade, valor, sentido, significado

Todo brilho e toda alegria da vida, todo júbilo e toda dor, a plenitude de toda a nossa existência movimentam-se no interior da estrutura da unidade vital e fluem a partir dela. Impulsos, que aspiram à satisfação e cuja satisfação evoca alegria e tranquilidade, sentimentos, que se alegram ou se queixam, formam o ponto central da unidade vital. Uma multiplicidade de estímulos é medida a partir deles e avaliada a partir deles. Em seguida se irradia a partir de tal multiplicidade bem-aventurança, preenchendo-nos totalmente – como um espelho largo e tranquilo do mar, sobre o qual o sol brilha quieto, essa unidade vital se faz presente. Ou essa multiplicidade de estímulos deixa palpitar em nós convulsivamente uma dor profunda e terrível, que faz tremer todas as fibras de nosso coração. Tudo se dá como se, sobre a ampla superfície de nossa alma, que é tão extensa quanto o próprio mundo que existe nela, soprassem tempestades do Norte, tempestades que sopram em todos os vales, e as ondas quebrassem. Agora, levanta-se na alma um forte movimento contrário. A multiplicidade de impulsos é por assim dizer repelida internamente. Tempestade do ódio, da ira, uma tenaz vontade de aniquilar aquilo que ameaça a vida interior. Em meio a todas as instituições de disciplina, de tédio e de um empenho calmo, este é, por fim, o nexo elementar, que se desenvolve desde os seres vivos mais inferiores ascensionalmente e que decide por toda parte sobre a felicidade e o valor da vida. Nós pensamos, nós conhecemos os fundamentos, a partir dos quais sofremos. O

Vida e conhecimento

que isto significa para a vida? Tolo Espinosa, que achava que podia compreender o sofrimento pessoal no nexo mundano, as pessoas transformaram esse sofrimento na alegria quanto a esse nexo. De que nos ajudaria se a tempestade do ódio irrompesse? Pobre disciplina e pobre o disciplinado, que não é capaz do ódio. Nós preparamos para nós pequenas vantagens e prazeres.

Assim, portanto, o nexo da vida está nessa unidade vital. Há sempre eventos, que decidem sobre nós. Trata-se da mais profunda experiência, que o homem pode efetivamente fazer. Trata-se nela daquilo que torna a vida digna de ser vivida.

Agora, porém, o nexo contido em tudo isso aspira a encontrar expressão. Pode-se dizer que, assim, a mais profunda ligação da vida luta por conquistar sua voz em uma categoria. Sempre de acordo como se essa ligação é ou não apreendida em uma determinada posição, chega-se a sombreamentos totalmente diversos dessa categoria vital. O centro da estrutura vital mesma, tal como ele é vivenciado, em oposição a tudo aquilo que não é central, enuncia-se nas categorias da essência, da essencialidade, do significado e do sentido. A multiplicidade de estímulos nessa sua relação é avaliada por nós, nós designamos essa sua relação conosco como valor. E a reação que parte do elemento impulsivo e do meio da vida e que, então, tenta produzir uma vez mais a adaptação, manifesta-se nas categorias da vida, nas categorias de finalidade e de meio. Pode-se dizer que essas categorias diversas são vizinhas, maximamente aparentadas.

Tentemos clarificar completamente para nós essas categorias e seus parentescos. A partir da própria vida levanta-se a distinção entre aquilo que está em questão, aquilo que decide, e aquilo que há de poderosamente elementar nele, e tudo aquilo que pode faltar sem perda de nossa plenitude vital atual, que pode estar ausente, sem que nós nos livremos por meio daí do peso que nos oprime. Nós portamos em nós um modo de nossa unidade vital, cujo preenchimento não nos deixa desejar mais nada. Aquilo na vida que é para nós assim o seu ponto central é designado por nós o essencial. Nós dizemos que o significado e o sentido da vida baseiam-se aí. Nós encontramos, assim, o significado da existência em certos traços da mesma. Sua essência reside nesses traços. Destacamos deles o inessencial, o insignificante, sim, o indiferente. Nossa unidade vital alcança, com isso, um ponto médio. Por um lado, ele reside na satisfação dos impulsos sensíveis naturais, que mantêm enquanto fome e amor a engrenagem da vida. Por outro lado, esse ponto médio reside na elevação constante de toda a vida psíquica, elevação essa que é evocada pela honra, pelo orgulho, por grandes realizações psíquicas. Uma vez mais, por outro lado, nós o encontramos naquela satisfação silenciosa, calma, plácida, mas totalmente contínua e nunca passível de ser completamente abalada, que traz consigo o dever cumprido. Sem levar em consideração em que ele consiste, tal ponto médio encontra-se em todo e qualquer indivíduo, ainda que ele não tenha nenhuma consciência disso; alguma coisa constitui para ele essência e significado de sua existência; e, por meio daí, é dado em cada um a diferença desse decisivo elementar em relação ao inessencial, indiferente. Assim conclui-se a unidade vital, com um nivelamento de interesses a partir do ponto médio em direção à periferia dos interesses à sua volta. Entre esses valores diversos não se acha apenas o nivelamento, mas também a relação, o nexo.

Ora, é natural que mesmo nas pessoas fora de nós haja um ponto médio, que forme sua essência, um ponto médio apreendido por nós e a partir do qual as modulações dos valores são experimentadas. E isto se baseia na consciência de nosso parentesco com eles. Por isto, nós os compreendemos. Assim, porém, a essência, o significado e o sentido de sua existência são concebidos por nós nos objetos. Aqui também se faz valer a vitalidade originária de nossa concepção desses objetos.

Na medida, então, em que a relação, o meio dos objetos em face desse ponto médio de nossa unidade vital, é experimentada e expressa, surgem categorias que têm ante o nexo vital mesmo uma situação por assim dizer lateral. Eles designam uma visão lateral desse nexo. Por isto, eles não possuem o mesmo significado do que aquele que acabamos

Vida e conhecimento

167

de destacar. De início, é possível expressar essa ligação como valor. Não obstante, poder-se-ia usar o mesmo conceito para o significado ou para a essência. Em contraposição a esse conceito, poder-se-ia falar especificamente de utilidade. À noção de utilidade corresponde o modo de consideração da teleologia extrínseca, que se movimenta nas relações com o meio da unidade vital. Tanto quanto a utilidade, essa teleologia externa também se mostra do mesmo modo como uma categoria, sob a qual podem ser unificados os efeitos. Todavia, ela contém por assim dizer uma visão contingente da vida, que depende da ligação de todos os objetos e pessoas com um sujeito ou um sistema de sujeitos. Esse sujeito pode ser Deus, a cuja honra são trazidos os malditos. Ele pode ser a espécie humana, sim, o egoísmo mesmo pode transformar a si mesmo nesse ponto médio de acordo com o único e sua propriedade.

E, na medida em que a força que reage, a força que exerce um efeito retroativo sobre o meio das coisas e pessoas, é destacada no interior desse nexo e todo o nexo é concebido a partir dela, surge a categoria extremamente influente na história do pensamento humano que é a categoria da finalidade ao lado dos correlatos do meio. Essa categoria é extremamente viva e sensivelmente clara, pois ela expressa em um conceito a manifestação vital da vontade consciente de si mesma e dirigida para uma meta. Essa vontade consciente de seus fins, porém, é em toda a sociedade e história o elemento mais vitorioso e mais poderoso. Tudo precisa se submeter a ele, mesmo as relações vitais mais plenamente pesarosas e sofredoras, mesmo lá onde essas relações vitais aniquilam a vontade e a vida que a sustenta. A soberania da natureza humana está nele. Por isto, esta categoria transforma-se na fórmula para a atuação, na medida em que ela se encontra em conexão com vida, consciência e sentido. Nós designamos, então, com finalidade o significado ou o sentido de uma unidade vital, de outra pessoa, por fim, de uma coisa. Em tudo isso realiza-se um adiamento antropomórfico dos conceitos aparentados de essência, significado ou valor. Esse adiamento consiste no fato de que, a partir de então, o efetuar é concebido como expressão da vontade consciente, de acordo com o que o vivente e o que é dotado plenamente de sentido, que de qualquer modo só é de tal modo que uma vontade o teria produzido, são reconduzidos a tal vontade consciente.

Na formação ulterior desse conceito no interior da visão de mundo humana surge, então, do mesmo modo que junto às categorias anteriores, algo contraditório para o entendimento. Em termos próprios, é só a teleologia imanente que se expressa de maneira adequada nas categorias essência, significado, sentido, a expressão da vitalidade, que ultrapassa as unidades vitais dadas e também interpreta para si as coisas. Logo que, então, porém, se busca conceber as ligações daquilo que não é essencial com esse elemento essencial, o valor dos estímulos, dos processos de pensamento: então surge uma relação, que nós só expressamos de maneira adequada por meio dos tropos de finalidade e meio. Essa relação está estabelecida em nossa própria estrutura. Nós a ampliamos para as ligações entre as pessoas e as coisas. Vemos o sistema submetido à finalidade, sim, ao mecanismo morto dos meios. E, assim, surge uma contradição que se atém às expressões dessa categoria de maneira inesgotável, a contradição entre teleologia imanente e exterior ou relativa. Nós consideramos a juventude como meio para a finalidade de uma realização masculina, e nós sabemos de qualquer modo que toda e qualquer idade de vida tem em si mesma significado e valor. Nós consideramos nosso pensamento e nosso trabalho como meios para a conservação e para o fundamento da vida, e sabemos, contudo, ao mesmo tempo, que o valor do trabalho real lhe é imanente.

Nós vemos os animais como meios para nós e sabemos de qualquer modo que eles vivem por si e que também lhes é dado na saciedade ou na plenitude vital um valor próprio de sua existência. Mesmo para a montanha e os rios que o envolvem, o homem estende a sua consideração exterior da finalidade, subordinando-os a si como seu senhor. E, porém, o sentimento é nele inesgotável e em cada nova poesia brota com uma nova violência o fato de que esse Gotardo poderoso se baseia em si mesmo, subsiste por si e, de algum modo

Vida e conhecimento

169

qualquer, esse poder constante, duro como granito, de sua existência justamente para ele, está em mim para ele. O que somos nós, pequenos homenzinhos, para que nós imaginemos que esse ser poderoso estaria aí para que nós o cortássemos ou o ultrapassássemos?

Origem e conteúdo desses conceitos que acabamos de desenvolver de significado, sentido, valor e finalidade na vitalidade de nossa essência quase não têm como ser colocados em dúvida. Mesmo aqueles que só deixam surgir o nexo vital a partir de elementos e por meio dos processos intelectuais, em geral por meio dos processos psíquicos, mesmo eles o tomam, então, de qualquer modo, como a base dessas categorias. Foi a partir daí, portanto, que surgiu a célebre doutrina do caráter meramente subjetivo do conceito de finalidade, doutrina essa que estaria fundada na transposição da vontade para a natureza. Não é de modo algum por acaso que essa doutrina acompanha a intelectualização de toda realidade efetiva como sua sombra, como seu lado negativo. Assim como esse ponto de vista transforma o abstrato no elemento primeiro e a vida no elemento secundário, assim também a categoria mais viva é concebida como invasão da vontade na realidade efetiva. Nós só teremos de falar mais tarde sobre seu valor. Mas sua origem não reside na ligação da vontade consciente com as representações de finalidade que despontam nela. Seu cerne não é a transposição dessa forma da consciência para a natureza. Tal como vimos, os conceitos de significado, de sentido e de valor são a expressão mais imediata do nexo vital, segundo o lado expresso nessas categorias. E com essas categorias as coisas não se passam de maneira diversa daquela que caracteriza a substância ou a causa. O pesquisador da natureza opera com seu mecanismo, tal como ele quer; essa categoria de significado, de sentido e de valor é tão elementar, tão insuspendível, tão universal e tão poderosamente efetiva quanto a categoria da causa ou da coisa.

Só aí reside o primado das duas primeiras categorias. Elas são pura e simplesmente necessárias para a construção científico-natural do mundo exterior, enquanto a categoria do significado só se comprova para mim como indispensável, lá onde a estrutura da unidade vital orgânica deve ser compreendida. Mas caso se saia da construção científica e se tome o caminho de volta para a vida, de volta para as ideias primárias, então este terceiro grupo de categorias se mostra inesgotável, por toda parte vigente. Também o pesquisador da natureza não tem como ver nenhuma tragédia, ele não tem como gozar de nenhuma paisagem esteticamente, sem a vitalidade interna nele, vitalidade essa que encontra significado na vida e na natureza. Ele não pode ter nenhum afeto religioso, ele não consegue ter nenhuma relação séria, moral, sem isto. Em suma, ele precisaria mortificar toda a sua vida plena, efetivamente humana, e precisaria se tornar mero entendimento, para que ele pudesse arrancar de si efetivamente essas categorias com as suas raízes. A vida nele, a vida na qual seu entendimento entra em cena, precisaria ser negada por ele, a fim de deixar pista livre para o entendimento na negação dessas categorias.

Este é o fim terrível dessa direção intelectualista em nossa era: ela tem nas classes eruditas, que devem governar a sociedade, a força da vontade, a vitalidade real poderosa da alma humana, da qual emergem as ações heroicas, teoricamente unificadas, destruídas em sua crença ingenuamente heroica tanto quanto conscientemente idealista, e, assim, paulatinamente, precisa entrar em cena o estiolamento da realidade efetiva plena, total, humana, algo que acaba tendo necessariamente como consequência o declínio dos grandes povos culturais europeus, na medida em que uma reação não provém das profundezas da plena realidade efetiva humana. Nossa crença não decai, por conseguinte, no âmbito dos pesquisadores da natureza, mas no âmbito do papa em Roma e sob o[16] domínio dos bárbaros eslavos. Pois o homem precisa acreditar em alguma coisa que dê sentido, significado ou valor à vida. E se destruirmos o nexo vivo em nosso povo, então o sentimento eslavo elementar e violento, que cativa o russo e o mantém preso ao irmão, agrilhoando-o em sua terra, assume a preponderância sobre todos nós. Se os eruditos não possuem mais nenhuma fé, então a social-democracia

---

16. No manuscrito: os domínios [N.E.].

Vida e conhecimento

tem razão. E se ela mantém o direito, então os bárbaros eslavos assumem o poder. Esta é a contradição frutífera mesmo na teoria social-democrática. Ela parte da tradição das duas nações culturais. Mas nos niilistas do mundo eslavo arde um fogo diverso do que arde neles. E eles têm o poder sintético: comparável a um punho cerrado. Gogol diz: Todas as outras nações são comparáveis com rios. Este mundo eslavo, porém, é como o mar.

Esses conceitos de significado, de valor, de sentido e de finalidade possuem, de acordo com isso, a mesma força elementar e primária, a mesma inesgotabilidade, a mesma universalidade que a dos conceitos desenvolvidos. Assim como, então, de raízes vivas, a substância e a causalidade emergem, assumindo, porém, uma forma abstrata no nexo do conhecimento, o mesmo desenvolvimento também ocorre a partir desses conceitos.

E por essa via emergem, então, as categorias da essência ou da essencialidade.

Esses conceitos ocultam em um grau particularmente elevado a sua origem. Eles entram em ligações de um tipo lógico. Atravessa toda a metafísica e toda a lógica a diferença entre *substantia*, *attributum* e *modus* ou *accidens*. Toda a metafísica trabalha com o conceito de essenciação ou de essência em contraposição ao conceito de substância. Nós compreendemos por essência as propriedades que são indispensáveis para a existência de uma substância. Pode-se definir essência tal como Ueberweg enquanto a quintessência das características essenciais. *"Essencial* [*essentialia*] são aquelas características, que (a) contêm o fundamento comum e duradouro de uma multiplicidade de outras características, e das quais (b) dependem a existência do objeto e o valor e o significado, que lhe cabem em parte como um meio para algo diverso, em parte e preponderantemente em si ou como um fim em si mesmo na série gradual dos objetos"[17].

---

17. UEBERWEG, F. *System der Logik und Geschichte der logischen Lehren* [Sistema da lógica e história das doutrinas lógicas]. 5. ed. Bonn, 1882, p. 147s. [org. por J. Bona Meyer].

Assim, portanto, a essencialidade do homem particular é algo que é diverso de suas propriedades acidentais casuais.

E, então, esse conceito de essencialidade abarca uma ligação com a intelecção fundamental realista, segundo a qual as formas conceituais são imanentes nas coisas particulares. Deixemos logo claro para nós o fato de que essa ligação não é necessária. O essencial de um homem dado também pode incluir a *haecceitas*. Na medida em que essa ligação é realizada, porém, a essência pode ser, então, definida por meio da forma imanente do gênero no indivíduo. Por meio daí emerge um nexo sistemático do universo, ao qual o significado da existência particular está subordinado. Subordinado segundo as relações simples e transparentes do universal e do particular na ordem conceitual. Por meio daí, a racionalização do universo no interior da época do pensamento, que antecedeu a uma análise verdadeira do universo em seus fatores, se consuma. O mundo é, então, um sistema racional plano. Ele seria algo liso e morto, caso efetivamente não houvesse nesse nexo outra coisa além da relação da abrangência entre conceitos. Mas nós veremos que, apesar dessa ligação da categoria de essência com a disposição dos conceitos segundo a sua abrangência, faz-se presente um cerne, que não pode ser destruído por nada.

Não obstante, havia nessa sistemática um pressuposto que não se encontrava em plena consonância com o sentimento vivo do efetivamente real, sentimento esse que se esconde de maneira nuclear na categoria da essência. A essência do indivíduo é, afinal, efetivamente apenas essa forma mais geral, que é realizada nele como um exemplar? O indivíduo é efetivamente um tal exemplar indiferente, por assim dizer um dos inúmeros exemplares de muitas edições de um escrito, que sempre permanece o mesmo, sem que se leve em conta com que papel e com que tipo de letras ele é impresso? Nos escritos de Duns Scotus e Occam levanta-se contra essa posição uma oposição. E é designativo da verdadeira origem desse conceito de essência o fato de a mesma escola ter apresentado a doutrina da forma individual enquanto a essência verdadeira de uma coisa, doutrina essa que destacou

Vida e conhecimento

ao mesmo tempo a vitalidade e o significado do querer em face do intelectualismo.

A partir desse nexo verdadeiro torna-se, então, compreensível por que é que tudo aquilo que estava do lado da vitalidade e da plena realidade nos séculos XV e XVI negava o realismo e fazia uso de alguma maneira dos conceitos escolásticos tão adornados e floreados do nominalismo e do terminismo. Nesta contenda entre escolas meditabundas estava contida a contenda entre a vida e as sombras abstratas do passado.

Assim, o tumulto dessas lutas em torno das grandes categorias centrais da essencialidade e de sua relação com a forma de pensamento do conceito já aponta para nós os elementos contraditórios que trabalham nessa categoria. No micro, podíamos perceber intuitivamente essa luta dos elementos na categoria essencialidade em meio à definição, que Überweg projeta da mesma. Trata-se da vida, que é dada concomitantemente com esse conceito segundo a sua origem, e do logicismo da disposição dos conceitos, daquilo que luta um com o outro na história dessa categoria e que ganha voz do mesmo modo em toda e qualquer tentativa de conhecê-la e de determinar as suas funções.

Procuro deixar claro para o entendimento a contradição interna nessa categoria, na medida em que mostro o círculo no qual decai toda e qualquer definição da mesma. O conceito é definido segundo a lógica por meio de suas características essenciais. E essencial ou essência só podem ser definidos como aquilo que se expressa no conceito.

Esse círculo só pode ser evitado se nós sairmos das relações lógico-formais e, de algum modo, recorrermos nesse contexto do efetivamente real ao significado daquilo que deve ser apreendido segundo sua essência. Esse significado, contudo, é em verdade claro na vitalidade do experimentar, mas permanece plurissignificativo, insondável e indemonstrável para o entendimento. Assim, a lógica também aponta aqui para algo que se encontra para além do entendimento tanto quanto do matraquear de formas e leis.

Além disto, porém, emerge dessa cisão intelectiva e de tal ligação exterior entre o essencial e o acidental a seguinte contradição: o que nós concebemos na coisa precisa ser ou bem uma transformação passageira e condicionada por outras coisas, ou bem algo fundado na natureza das coisas e imutavelmente dado. O primeiro denominamos acidental, o outro essencial. Por meio dessa separação acontece de início apenas uma divisão e não conseguimos ir além dela. Em contrapartida, na disposição lógica de substância, *attributa essentialia* e *modi* ou *accidentien* é dada uma tripartição, que torna a própria substância desprovida de propriedades, razão pela qual ela é volatilizada. Sobretudo, porém, torna-se completamente incompreensível por meio dessa separação como é que as transformações passageiras são condicionadas pela natureza da coisa. Tudo o que ocorre na coisa precisa ser concomitantemente condicionado em última instância por sua natureza. É impossível cindir a interpenetração. Nada acontece que já não se mostrasse como expressão da coisa e sem que, com isso, tomasse parte em sua essencialidade. E, assim, a interpenetração que também existe aqui entre o significado e aquilo que serve a ele também é dilacerada e as partes são uma vez mais ligadas de maneira meramente mecânica. Em todo e qualquer traço de nossa vida, no pensamento mais estúpido e na ação regular mais mesquinha, há um nexo com aquilo que liga enquanto significado da vida todos os seus momentos em um todo. Considerado particularmente, podemos desconsiderar cada um desses momentos como algo indiferente. Para Shakespeare ou Carlyle não há nada indiferente.

Nós prosseguimos em nossa argumentação. O conceito de essencialidade contém, como vimos, um cerne obscuro e insondável para o entendimento, que não disciplinamos por meio de nenhum tipo de tratamento lógico e, assim, que não podemos colocar sob as criaturas mansas do pensamento formal enquanto algo como ele. Historicamente, ele revela essa sua natureza indômita por meio do modo como rumoreja na metafísica.

Finalmente, também pode ser projetada aqui uma demonstração indireta.

Vida e conhecimento

A premissa maior: A categoria essência ou provém do entendimento como um de seus modos de ação, seja ela um produto de processos intelectuais ou uma simples função. Ou ela provém da experiência exterior ou [...][18], ou atuando junto com a exterior.

A premissa menor: Se a categoria essência fosse uma função do entendimento, então ela precisaria ser transparente para ele etc. Se ela fosse deduzida da experiência exterior, então esse nexo vital peculiar precisaria ser comprovado, nexo esse que designamos por meio da expressão: significado ou essência. Pois bem, essa expressão existe, porém etc.

Essas demonstrações diversas tornam evidente que mesmo as categorias significado, valor, meta, essência são dadas no próprio nexo vital.

De acordo com isso, a tarefa mais imediata é apresentar o desenvolvimento, no qual se formou e veio à tona, sobre a base dada, a categoria abstrata essência. Isto aconteceu, na medida em que a ciência progressiva aspirava a apreender a consciência do significado, do valor e do sentido, a consciência da unidade vital, das coisas em seu nexo. Em particular, ela buscava essa unidade vital na representação coisal dessa relação entre aquilo em que se atrelava o significado da coisa e aquilo que podia permanecer de fora como indiferente. Ela diminuiu a interioridade consciente na categoria. Em particular, porém, ela cindiu conceitualmente o que constitui o valor e o significado na coisa daquilo que é contingente, passageiro, ao qual não se atém tal significado. Essa cisão externa e mecânica criou uma clara diferença lógica. E, então, tratava-se de regular essa consciência de significado metafisicamente. A metafísica aspira a regularizar, a disciplinar as criaturas livres da reflexão sensível e da imaginação. Mais ainda, o que está em questão aí é conquistar um critério de medida firme, inequívoco para esse elemento duradouro, valioso, em oposição ao que é mutável e casual.

---

18. No manuscrito há duas palavras ilegíveis [N.E.]

A filosofia grega tinha apreendido de maneira tateante a regra e a forma das transformações, a sua lei e a sua razão. Assim, ela precisou conceber o universo como condicionado e dirigido por uma regra e por uma fórmula supremas, nas quais as regras e formas particulares precisaram ser pensadas como contidas. A doutrina de Heráclito, por exemplo, já continha, em verdade, um esquematismo profundo e verdadeiro do nexo mundano, mas lhe faltavam os meios para levá-lo a termo. A doutrina pitagórica dos números tinha na mão o grande meio principal para tanto; por meio daí, ela se mostrou superior a todo e qualquer outro sistema dos sistemas mais antigos; não obstante, faltava-lhe ainda a possibilidade de fazer uso desse meio da matemática e reconduzir a relações numéricas mais coisas na realidade efetiva do que as relações musicais e as relações astronômicas. Nesta situação desesperada, ela decaiu em joguetes e em artificialidades que fizeram com que ela perdesse o seu crédito. A atomística buscou em vão elevar o nexo causal a um logos e pôr em obra a exigência geral desse nexo causal entre os átomos, deduzindo as formas do mundo de relações fundamentais dos átomos. Neste caso, uma grande intuição viva em sua origem apoderou-se dos espíritos dirigentes e dela emergiu uma metafísica duradoura, uma vez que completamente conforme com a situação do pensamento. O pensar humano busca o duradouro e valoroso. Esse elemento é dado nos gêneros, nas espécies e nas formas da realidade efetiva, que contêm por assim dizer os paradigmas, segundo os quais são formadas as coisas perecíveis. As espécies animais surgem e perecem, mas os seus grandes tipos perduram em meio a esse formigueiro perecível, como as suas regras, de maneira constante, imutável e plena em si. Esses tipos e formas constantes do efetivamente real contêm também, como se realizando efetivamente nos exemplares passageiros, o valor dos mesmos. O universo está presente para realizar essas formas e esses tipos do acontecimento e das criaturas justamente no formigueiro perecível. Nós olhamos para esse eterno como para as estrelas: nós atribuímos a ele uma força viva para se realizar efetivamente na natureza, um impulso para a formação, um ímpeto para liberar a partir de si desenvolvimentos, uma

Vida e conhecimento

força anímica para se consumar em algo harmonicamente racional sem números; e nós colocamos essas formas, esses tipos e esses gêneros em um nexo derradeiro com o universalmente racional. Essa metafísica começou como uma fantasia mundial grandiosa, ora se apoderando da pedanteria dos conceitos segundo relações do universal com o particular dessa metafísica. Isto aconteceu tanto na escola platônica quanto na aristotélica. Ele ocorreu em um grau ainda mais elevado nos sistemas realistas da Idade Média no Oriente e no Ocidente. Essa metafísica envelheceu.

Ela envelheceu com a crença e com a ordem do mundo, com as quais ela tinha vivido em concordância. O Deus, que se torna homem e que se mostra como carne em um tipo de humanidade, esse tipo de humanidade cujo agir é ele mesmo o agir de toda a humanidade, uma vez que ele acontece para ela por meio de uma representação secreta; o corpo místico da Igreja, que é enquanto um todo representação do sagrado: esses são conceitos, que tinham surgido em consonância com esse realismo, conceitos que governaram e cujo destino precisou permanecer ligado com ele. Essa divisão factual da Igreja, na qual deságua vinda de cima uma fonte de forças divinas que atravessa todos os membros, estava em todos os padres como a representação dessa ordem sagrada: essas eram instituições, que permaneceram do mesmo modo ligadas estreitamente com esta filosofia. E com este instinto histórico e intelectual, a Igreja Católica, todas as vezes em que ela aspirou a se renovar internamente em suas bases dadas, se manteve presa a esse sistema.

Não preciso contar aqui como é que esse grande conceito de uma teleologia universal, na qual tudo o que emerge tem de se atualizar segundo a sua lei abrangente e em seu lugar e por assim dizer realizar efetivamente a fórmula que lhe é prescrita, perdeu influência e simpatia na medida em que o mundo transformado lutou para conquistar expressão em nome de uma concepção mais livre do significado, das finalidades da vida, dos valores, que estão distribuídos no universo. Só isto é significativo para a compreensão dessa grande categoria, o fato de que toda tentativa de inserir a sua descomunal vitalidade no esquematismo conceitual do mundo em meio a uma concepção mais profunda não teve nenhuma duração. Até que, então, todos os grilhões desse esquematismo conceitual foram quebrados e a vitalidade e liberdade arcaico-originárias dessa categoria se impôs uma vez mais. Até que, para além do rigor conceitual das ciências, essas categorias assumiram formas dotadas do mais múltiplo tipo, passando por transformações inumeráveis, se afirmando, porém, contra toda e qualquer polêmica científica em seu poder elementar.

Coloquemos, por fim, em relação a essas categorias, a pergunta sobre a legitimidade de sua validade. A resposta já nos é corrente. No interior das ciências do espírito (ciências humanas), nós lidamos com unidades vitais cuja estrutura contém em si o nexo, que designamos por meio das categorias significado, valor e finalidade. A teleologia, que gostaria de se entrelaçar com a rede de finalidades e meios todo o mundo, não se mostra, por fim, contudo, senão justamente como a projeção da estrutura teleológica da unidade vital. E, em verdade, isto não significa nada em termos de uma ordem planejada, de uma consciência, que ela produziu. Ela significa apenas uma forma do nexo. Pertence a essas características o fato de que ela é representada da maneira mais simples possível como formada por uma consciência segundo finalidades. Da maneira mais simples possível, e como ou como se fosse [formada por uma consciência]. Não, porém, que essa estrutura precisasse ser pensada como tendo surgido assim e apenas assim.

Para além desse círculo, os conceitos de significado, valor e finalidade só têm um peso até o ponto em que esse peso conflui para eles a partir do nexo vital em que essa unidade vital se encontra, a partir do ímpeto primário do homem para vislumbrar vida e significado por toda parte, a partir dos traços de entendimento na natureza, a partir do escrito da consonância em termos de pensamento no céu estrelado. Não há nenhuma demonstração, mas apenas uma necessidade para toda a vida vigorosa de conservar para si vitalidade. Nenhuma demonstração, mas apenas o poder convincente dos maiores homens, que passaram pela Terra como homens religiosos ou poetas.

A metafísica cresceu a partir da aplicação dos conceitos de significado, de valor e finalidade, em suma, a partir da concepção teleológica do mundo. Essa foi sua falha, o fato de ela ter mecanizado logicamente essas categorias, e de, assim, desde os dias da pós-escolástica, desde a realização incisiva da explicação causal do mundo, a metafísica teleológica ter definhado em face dessa explicação. Não posso compartilhar do entusiasmo com o qual representantes da área da filosofia tanto quanto pesquisadores das ciências naturais discutem a polêmica contra o conceito de finalidade, que desde o final do século XVI surgiu com um grau intensificado. Com um *pathos* exaltado, as pessoas citaram as invectivas agudas de Espinosa contra o conceito de finalidade. A finalidade deve entrar na natureza, lá onde nós não conhecemos as causas. Ela deve ser um complemento meramente subjetivo do nexo que falta. Esse complemento excede a limitação da natureza humana em direção ao infinito. E ela interpreta de trás para frente. Mesmo Kant encontrava-se ainda sob a influência desse modo de pensamento. Para ele, o conceito de finalidade também possuía do mesmo modo uma posição completamente diversa em relação ao conhecimento do que o conceito de substância ou de causa. Esse movimento sustentado pelas ciências naturais continha de qualquer modo em si uma contradição. Tanto Goethe quanto Kant só recusaram de qualquer modo a teleologia externa e relativa em contraposição à teleologia imanente, isto é, eles só transformaram a doutrina do significado do universo e das realidades efetivas ligadas nele no ponto central de seu modo de consideração. A oposição ao modo de consideração mecânico da natureza, que é dado aí, também se fez valer metafisicamente, então, no esquema especulativo. Lotze queria unir os dois modos de consideração, mas apenas os colou um ao outro. Schopenhauer e seus discípulos defenderam do mesmo modo, apesar de sua outra oposição à escola especulativa, a validade da teleologia. Lange [defendeu], por outro lado, a estranha contradição que consistia em conceber essa validade como uma necessidade para a consciência, mas como uma criação poética necessária. E a maioria dos pensadores de hoje reconhecem algo de incognoscível como o sentido e o significado do mundo, apesar de restringirem todo o conhecimento humano ao nexo cego da natureza. Assim, impera em relação a essa questão uma confusão de um grau extremo. Essa confusão só pode ser resolvida por um ponto de vista epistemológico, no qual se constate a proveniência dessa categoria, a partir da qual se deduz a esfera de sua validade, algo de acordo com o que se fixa a sua validade para as ciências humanas (ciências do espírito) e a impossibilidade de produzir nesse caso uma sistematização metafísica da concepção teleológica.

6

Conceitos vitais dotados de uma abrangência mais restrita de aplicabilidade

Conceitos vitais de um tipo algo diverso surgem ao lado dessas categorias reais, que precisam ser consideradas como os laços por meio dos quais nós produzimos um nexo mundano em termos de conceitos. Essa segunda classe de conceitos vitais é de uma abrangência menor, de uma capacidade de conhecimento inferior. Eles também estão contidos no nexo estrutural da unidade vital. Eles contêm modos de ligação, que nunca poderiam ser imaginados pelo entendimento e que não se encontram em nenhuma experiência exterior. Mas eles expressam um nexo mais restrito no interior da estrutura da unidade psíquica. Este já era em certo sentido o caso no conceito de finalidade, que pertence exclusivamente à vontade consciente. Em parte alguma impera de fato na realidade efetiva viva da vida psíquica aquele esquematismo rigoroso, que se sente em casa nos sistemas dos filósofos alemães desde o esquemático descomunal que foi Kant. Do mesmo modo, porém, a aplicabilidade desses conceitos também não se estende universalmente ao âmbito completo de todas as coisas. E uma vez que elas não expressam o centro do nexo vital, as unidades coisais também não são em geral

Vida e conhecimento

caracterizadas por elas segundo o seu nexo no mesmo sentido. Assim, elas não entram enquanto categorias na ciência. Não obstante, seu poder sobre a formação de nossas ideias é um poder muito grande. Elas são incapazes de desenvolvimento. Elas são como embriões que nunca chegam a se desdobrar. Mas uma força elementar da atuação sobre nossas ideias lhes é de qualquer modo imanente. Eu as designarei, em contraposição às categorias, como conceitos vitais. No entanto, na área da vida psíquica, eu recuso ainda uma vez de maneira tão enfática quanto possível todo rubricar e toda catalogização. Por toda parte onde há vida, há elos intermediários. O mundo orgânico o mostra para nós da melhor maneira possível.

Um tal conceito vital é o conceito da reprodução imagética até as suas últimas diluições no conceito de correspondência. Ele pertence à esfera intelectual, mas se estende completamente através dessa esfera. Poder-se-ia pensar que esse conceito seria completamente deduzido de imagens artísticas e, então, que ele seria em seguida transposto para processos internos. Só a palavra é transportada do âmbito sensível para designar uma relação espiritual interior. A coisa mesma é muito mais originariamente um fato espiritual, exclusivamente um tal fato e todas as reproduções imagéticas artísticas estão fundadas nele. Esse fato está contido primariamente na percepção em sua relação com a representação da memória. Essa relação pode com certeza ser descrita, mas ela não tem como ser de modo algum completamente esclarecida. Foi em vão que Hume e outros se empenharam por tornar claro a partir dos meros traços característicos da identidade do conteúdo e da diversidade do grau de intensidade a relação desses dois fatos um em relação ao outro. Há algo na percepção, que ela não distingue apenas segundo o grau, mas que ela distingue especificamente da representação da lembrança. Tal relação ocorre, então, além disto, entre imagens da lembrança e o conceito que representa algo em comum para elas. E atravessa toda a história do pensamento humano a utilização desse conceito vital para expressar o nexo entre o conhecer e o conhecido, entre Deus e mundo. E como o pensamento científico se refina, esse conceito vital e a imagem que o designa é por demais deslumbrante e sensível. Ele é diluído e volatilizado no conceito de correspondência ou ele é logicamente formado no conceito de identidade.

Um outro conceito vital desse tipo emerge da consciência da elevação interior volitiva da energia, que conseguimos evocar em nós mesmos e para a qual podemos dar uma intensidade que ultrapassa todos os impulsos. Só descrevo aquilo que experimentamos em nós mesmos. Por vitalidade interior também compreendemos algo semelhante. Também fazemos um uso múltiplo, apesar de não se tratar de maneira alguma de um uso universal desse conceito de vida.

Um terceiro conceito, talvez o conceito mais poderoso de todos entre esses conceitos vitais, é o conceito de ter, possuir, pertencer. Por outro lado, poderia parecer que esse conceito seria pensado, como se ele tivesse sido formado a partir de fatos exteriores. A relação da unidade vital com aquilo que lhe é próprio poderia parecer formar o ponto de partida e o cerne desse conceito. Em realidade, porém, muito antes de a criança se aperceber de tal relação exterior, já se vivenciou há muito tempo a relação singular daquilo, segundo o que ela se encontra de posse de seus membros. É preciso manter afastada dessa consideração toda e qualquer distinção entre unidade vital interior e exterior, entre alma e corpo. Nada disso se encontra naturalmente presente na criança. Todavia, a partir do momento em que ela consegue dirigir segundo a sua vontade os olhos, a mão, o braço, ela se dá conta de uma relação total, singular e completamente extraordinária. Braço e perna não são simplesmente idênticos ao sentimento de si por parte da criança. Eles são uma massa. Eles oferecem resistência. Eles se abaixam por si mesmos. Ao mesmo tempo, porém, eles são movidos pela vontade, tantas vezes quanto ela quiser justamente movimentá-los. A vontade não é apenas a causalidade que só se dá uma vez para eles; eles estão sempre junto à vontade. Eles encontram-se, então, em sua esfera de poder. Eles são movidos regularmente por ela. Mas eu não saberia de modo algum dizer que isto seria, então, tudo aquilo que poderia ser dito dessa relação. Nós nos apercebemos sucessivamente de muitas coisas que se acham aí.

Vida e conhecimento

A adição de tudo aquilo que nós podemos reunir ainda está longe de ser a própria experiência singular desse nexo, que só subsiste justamente aqui.

Nós expressamos essa experiência, quando nós exprimimos as palavras posse, propriedade, domínio. Essas palavras contêm o conceito vital indicado.

Independentemente dessa experiência e equivalente a ela, entra em cena, então, ao mesmo tempo a experiência da relação de uma unidade vital com aquilo que é subordinado a ela. O ponto de comparação é formado pela dependência relativa e, de qualquer modo, pela guarda e pela posse na esfera de domínio duradouros. Com isto, esse conceito é transportado para inúmeras ligações, que lhe são análogas.

E, assim, surge o poder do conceito de vida sobre a metafísica, sobre a visão de mundo religiosa e sobre as ideias vivas em geral. Há uma concepção regimental do mundo, para a qual tudo cai sob o conceito de domínio, submissão, posse, esferas de poder, liberdade, propriedade. Os romanos formaram essa concepção regimental do mundo. E quando a Igreja Romana acolheu essa concepção regimental, ela encontrou um apoio eficaz nos conceitos do antigo tempo judaico, conceitos esses que portavam em si intensamente do mesmo modo esse caráter regimental.

Sobre os textos

A presente seleção de textos para o livro *A essência da filosofia* elucida as linhas fundamentais, que Dilthey esboçou no escrito homônimo de 1907, a partir de partes oriundas do volume 1 do *Introdução às ciências humanas* (1883) e de fragmentos póstumos dos anos de 1880 e 1889, que foram dedicados ao prosseguimento da obra capital sistemática. Eles atestam a continuidade do plano de uma "crítica da razão histórica", que vigora desde o começo dos pressupostos histórico-categoriais do pensamento metafísico voltado para a ideia de fundamentação e de sua sobrevivência no programa de explicação da ciência moderna. Por questões de espaço, não acolhemos o ensaio "Os tipos de visão de mundo e sua formação nos sistemas filosóficos" (1911). Uma vez que ele complementa com traços importantes as breves exposições relativas à doutrina da visão de mundo no escrito de 1907 (Parte 2, III, 1-3), nós remetemos o leitor expressamente para esse ensaio.

Algumas notas de pé de página inseridas pelo editor são caracterizadas por complementos que constam dos próprios manuscritos de Dilthey; outras apontam para adendos estabelecidos pelo organizador dos "Escritos reunidos". Erros tipográficos da edição que nos serviu de base foram silenciosamente corrigidos.

"A essência da filosofia" (1907). In: MISCH, G. (org.). *Escritos reunidos*. Vol. 5. Berlim: B.G. Teubner, 1924, p. 339-416.

"Consideração conclusiva sobre a impossibilidade da posição metafísica do conhecimento". A partir de: *Introdução às ciências humanas*. Vol. 1 (1883). Livro 4, seção 4, capítulo 4. In: GROETHUYSEN, B. (org.). *Escritos reunidos*. Vol. 1. Leipzig/ Berlim: B.G. Teubner, 1922, p. 386-408.

"Ideia fundamental de minha filosofia" (ca. 1880). A partir de: *Sobre a doutrina das visões de mundo* – Ensaios sobre a filosofia da filosofia. 2 [Obra póstuma]. In: GROETHUYSEN, B. (org.). *Escritos reunidos*. Vol. 8. Leipzig/Berlim: B.G. Teubner, 1931, p. 17.

"O prosseguimento sobre Kant". (1) A partir de: *Sobre a doutrina da visão de mundo* (ca. 1880). Ensaios sobre a filosofia da filosofia. 3 [Obra póstuma]. In: GROETHUYSEN, B. (org.). *Escritos reunidos*. Vol. 8. Leipzig/Berlim/Göttingen: B.G. Teubner/Vandenhoeck & Ruprecht, 1960, p. 174-175.

"Vida e conhecimento" (ca. 1892/1893) [Obra póstuma]. In: JOHACH, H. & RODI, F. (orgs.). *Escritos reunidos*. Vol. 19. Göttingen: Vandenhoeck & Ruprecht, 1982, p. 359-388 [Com a autorização da Editora Vandenhoeck & Ruprecht, Göttingen].

Referências

Obras completas e cartas reunidas

BIEMEL, W. (org.). "Briefwechsel zwischen Wilhelm Dilthey und Edmund Husserl". *Revista de Filosofía de la Universidad de Costa Rica* (San Jose), 1, 1957, p. 101-124.

GRÜNDER, K. & RODI, F. (orgs.). *Gesammelte Schriften* [Escritos reunidos]. Vols. 18-19. Leipzig/Berlim: Teubner, 1977-1982 [A edição ainda não se encontra concluída].

MAKREEL, R. & RODI, F. (orgs.). *Selected Works*. Vol. 1ss. Princeton: Princeton University Press, 1983.

MISCH, C. (org.). [nome de solteira: Clara Dilthey]. *Der junge Dilthey* – Ein Lebensbild in Briefen und Tagebücher 1852-1870 [O jovem Dilthey – Uma imagem de vida em cartas e diários]. Leipzig/Berlim: Teubner 1933 [2. ed., Stuttgart/Göttingen: Teubner/: Vandenhoeck & Ruprecht, 1960].

MISCH, G.; NOHL, H.; GROETHUYSEN, B. et al. (orgs.). *Gesammelte Schriften* [Escritos reunidos]. Vols. 1-14. Leipzig/Berlim: Teubner, 1914-1958 [Reedição: Stuttgart/Göttingen: Teubner/Vandenhoceck & Ruprecht, 1970-1974] [A edição ainda não se encontra concluída].

SCHULENBURG, S. (org.). *Briefwechsel zwischen Wilhelm Dilthey und dem Grafen Paul Yorck von Wartenburg 1877-1897* [Correspondência entre Wilhelm Dilthey e o Conde Paul Yorck von Wartenburg 1877-1897]. Halle: Niemeyer, 1923.

Bibliografias

DIAZ DE CERIO, F. "Bibliografia de W. Dilthey". *Pensamiento*, 24, 1968, p. 196-223.

HERMANN, U. *Bibliographie Whilhelm Dilthey*: Quellen und Literatur. [Bibliografia de Wilhelm Dilthey: fontes e referências]. Weinheim/Basileia/Berlim, 1969.

ZECK, H. "Im Druck erschiene Schriften von Wilhelm Dilthey" [Escritos impressos de Wilhelm Dilthey]. *Archiv für Geschichte der Philosophie*, 25 (N.F. 18), 1912, p. 154-161.

Bibliografia seleta

BISCHOFF, D. *Wilhelm Diltheys geschichtliche Lebensphilosophie* [A filosofia da vida histórica de Wilhelm Dilthey]. Leipzig, 1936.

BOLLNOW, O.F. *Dilthey* – Eine Einführung in seine Philosophie [Dilthey – Uma introdução à sua filosofia]. Leipzig, 1936 [2. ed., Stuttgart/Berlim/Colônia/Mainz, 1955].

CACCIATORE, G. *Scienza e filosofia en Dilthey*. 2 vols. Nápoles, 1976.

DEGENER, A. *Dilthey und das Problem der Metaphysik* – Einleitung zu einer Darstellung des lebensphilosophischen Systems [Dilthey e o problema da metafísica – Introdução a uma apresentação do sistema da filosofia da vida]. Bonn/Colônia, 1933.

ERMARTH, M. *Wilhelm Dilthey* – The Critique of Historical Reason. Chicago/Londres, 1978.

GIUSSO, L. *Wilhelm Dilthey e la filosofia come visione della vita*. Nápoles, 1940.

GLOCK, C.T. *Diltheys Grundlegung einer wissenschaftlichen Lebensphilosophie* [A fundamentação diltheyana de uma filosofia da vida científica]. Berlim, 1939.

INEICHEN, H. *Erkenntnistheorie und gesellschatlich-geschichtliche Welt* – *Diltheys Logik der Geisteswissenschaften* [Teoria do conhecimento e mundo histórico-social – A lógica diltheyana das ciências do espírito]. Frankfurt junto ao Mainz, 1975.

Referências

JOHACH, H. *Handelnder Mensch und objektiver Geist* – Zur Theorie der Geistes- und Sozialwissenschaften [Homem agente e espírito objetivo – Sobre a teoria das ciências do espírito e das ciências sociais]. Meisenheim junto ao Glan, 1974.

KAUSSER, P. *Kritik der endlichen Vernunft* – Wilhelm Diltheys Revolution der allgemeinen Handlungstheorie [Crítica da razão finita – A revolução de Wilhelm Dilthey da Teoria Geral da Ação]. Frankfurt junto ao Mainz, 1968.

KRAKAUER, H. *Diltheys Stellung zur theoretischen Philosophie Kants* [A posição de Dilthey em relação à filosofia teórica de Kant]. Breslau, 1913.

KREMER-MARIETTI, A. *Wilhelm Dilthey et l'anthopologie historique.* Paris, 1971.

LESSING, H.-U. *Die Idee einer Kritik der historischen Vernunft* – Diltheys erkenntnistheoretisch-logisch-methodologische Grundlegung der Geisteswissenschaften [A ideia de uma crítica da razão histórica – A fundamentação epistemológica, lógica e metodológica das ciências do espírito]. Friburgo em Brisgau, 1984.

LESSING, H.-U. & FRITHJOF, R. (orgs.). *Materialien zur Philosophie Wilhelm Diltheys* [Materiais sobre a filosofia de Wilhelm Dilthey]. Frankfurt junto ao Mainz, 1983 [Com contribuições de Otto Friedrich Bollnow, Hans-Georg Gadamer, Jürgen Habermas, Ludwig Landgrebe, Hellmut Plessner, Manfred Riedel, entre outros].

LÖWITH, K. "Diltheys und Heideggers Stellung zur Metaphysik" [A posição de Dilthey e Heidegger em relação à metafísica]. *Vorträge und Abhandlungen* – Zur Kritik der christlichen Überlieferung [Conferências e ensaios – Para a crítica à tradição cristã]. Stuttgart/Berlim/Colônia/Mainz, 1966, p. 253-267.

MAKREEL, R.A. *Dilthey* – Philosopher of Human Studies. Princeton, NJ, 1975.

MISCH, G. *Lebensphilosophie und Phänomenologie* – Eine Auseinandersetzung der Diltheyschen Richtung mit Heidegger und Husserl [Filosofia e fenomenologia – Uma confrontação da corrente de Dilthey com Heidegger e Husserl]. Bonn, 1930 [2. ed., Leipzig, 1931].

PALMER, R.E. *Hermeneutics Interpretation Theory in Schleiermacher, Dilthey, Heidegger and Gadamer.* Evaston, Ill., 1969.

RICKMAN, H.P. *Wilhelm Dilthey* – Pioneer of the Human Studies. Londres, 1979.

RITTER, J. "Über die Geschichtlichkeit der wissenschaftlichen Erkenntnis" [Sobre a historicidade do conhecimento científico]. *Blätter für deutsche Philosophie*, 12, 1938/1939.

SOMMERFELD, H. *Wilhelm Dilthey und der Positivismus* – Eine Untersuchung zur "Einleitung in die Geisteswissenschaften" [Wilhelm Dilthey e o positivismo – Uma investigação sobre a "Introdução às ciências humanas". Berlim, 1926.

STENZEL, J. *Dilthey und die deutsche Philosophie der Gegenwart* [Dilthey e a filosofia alemã do presente]. Berlim, 1934.

SUTER, J.-F. *Philosophie et histoire chez Wilhelm Dilthey.* Basileia, 1960.

WACH, J. *Die Typenlehre Trendelenburgs und iherer Einfluss auf Dilthey* [A doutrina dos tipos de Trendelenburg e sua influência sobre Dilthey]. Tübingen, 1926.

ZÖCKLER, C. *Dilthey und die Hermeneutik* [Dilthey e a hermenêutica]. Stuttgart, 1975.

CULTURAL

Administração
Antropologia
Biografias
Comunicação
Dinâmicas e Jogos
Ecologia e Meio Ambiente
Educação e Pedagogia
Filosofia
História
Letras e Literatura
Obras de referência
Política
Psicologia
Saúde e Nutrição
Serviço Social e Trabalho
Sociologia

CATEQUÉTICO PASTORAL

Catequese
Geral
Crisma
Primeira Eucaristia

Pastoral
Geral
Sacramental
Familiar
Social
Ensino Religioso Escolar

TEOLÓGICO ESPIRITUAL

Biografias
Devocionários
Espiritualidade e Mística
Espiritualidade Mariana
Franciscanismo
Autoconhecimento
Liturgia
Obras de referência
Sagrada Escritura e Livros Apócrifos

Teologia
Bíblica
Histórica
Prática
Sistemática

REVISTAS

Concilium
Estudos Bíblicos
Grande Sinal
REB (Revista Eclesiástica Brasileira)
SEDOC (Serviço de Documentação)

VOZES NOBILIS

Uma linha editorial especial, com importantes autores, alto valor agregado e qualidade superior.

VOZES DE BOLSO

Obras clássicas de Ciências Humanas em formato de bolso.

PRODUTOS SAZONAIS

Folhinha do Sagrado Coração de Jesus
Calendário de Mesa do Sagrado Coração de Jesus
Agenda do Sagrado Coração de Jesus
Almanaque Santo Antônio
Agendinha
Diário Vozes
Meditações para o dia a dia
Encontro diário com Deus
Dia a dia com Deus
Guia Litúrgico

CADASTRE-SE
www.vozes.com.br

EDITORA VOZES LTDA.
Rua Frei Luís, 100 – Centro – Cep 25689-900 – Petrópolis, RJ
Tel.: (24) 2233-9000 – Fax: (24) 2231-4676 – E-mail: vendas@vozes.com.br

UNIDADES NO BRASIL: Belo Horizonte, MG – Brasília, DF – Campinas, SP – Cuiabá, MT
Curitiba, PR – Florianópolis, SC – Fortaleza, CE – Goiânia, GO – Juiz de Fora, MG
Manaus, AM – Petrópolis, RJ – Porto Alegre, RS – Recife, PE – Rio de Janeiro, RJ
Salvador, BA – São Paulo, SP